Assasaint

Du même auteur

Le Psychiatre, le juge et son fou, Médi Print éditeur, 1981.
En danger de justice, Denoël, 1987.
Jobic, le prétexte, Bernard Barrault, 1989.
La Prière des Juifs, Denoël, 1991.
J'irai plaider sur vos tombes, Michel Lafon, 1993.
Le Désordre judiciaire, Les Belles Lettres, 1994.
Voltaire, l'affaire Calas et nous, Les Belles Lettres, 1994.
Un cimetière sous la lune, Michel Lafon, 1996.
Les Grandes Erreurs judiciaires du passé, Tallandier, 1997.
Les Contes immoraux du rapport de la Cour des comptes, Michel Lafon, 1998.
L'Art de s'exprimer en toutes circonstances, Presses de la Renaissance, 1999.
Peut-on rire de tout ? (avec Denis Trossero), Favre, 2000.

Gilbert COLLARD

Assasaint

Jacques Fesch, l'histoire du bon larron moderne

PRESSES
DE LA
RENAISSANCE

Ouvrage réalisé
sous la direction éditoriale d'Alain NOËL

Si vous souhaitez être tenu(e)
au courant de nos publications,
envoyez vos nom et adresse, en citant ce livre,
aux Éditions des Presses de la Renaissance,
12, avenue d'Italie, 75013 Paris.
Et, pour le Canada,
à Vivendi Universal Publishing Services Canada Inc.,
1050, bd René-Lévesque Est,
Bureau 100,
H2L 2L6 Montréal, Québec.

Consultez notre site Internet :
www.presses-renaissance.fr

ISBN 2.85616.734.9

La triste famille

Triste famille, la famille Fesch.

Elle habitait un magnifique pavillon à Saint-Germain-en-Laye et vivait dans un raffinement implacable.

La grande musique comme à Vienne emplissait le salon. Les choses étaient ordonnées autour du rituel des grandes familles prussiennes. Les beaux livres à caresser ; le père aimait les voyages ; il en parlait comme s'il était Livingstone, fuyant le dégoût de la vie dans la réminiscence de ses lointaines aventures.

Il collectionnait les timbres et contemplait pendant de longues heures, l'œil dans la loupe, ces petits tableaux des quatre coins de la planète.

Il se vantait d'avoir accompli le tour du monde et de pouvoir affirmer ainsi la supériorité de la race blanche. D'une manière générale, il méprisait l'humanité.

Comme les grands bourgeois d'alors, il revenait au foyer par routine : le linge, le confort, le lit pour assurer la progéniture. Il revenait au foyer comme on revient sur ses terres : hautain, il passait par là, bousculant sa femme à qui il fit sans plaisir quatre enfants ;

l'aînée, à l'âge de cinq ans, mourut dans d'étranges circonstances, en proférant des malédictions. On racontait dans le voisinage qu'elle avait introduit le diable dans la maison.

À l'instant de son dernier soupir, des phénomènes lugubres s'étaient produits, un brûle-parfum était tombé d'un meuble, tournant comme une toupie folle autour de la chambre, un tableau s'était fracassé sur le sol.

Depuis ce jour de deuil, une violence irrationnelle s'était installée entre les deux époux.

Malgré tout, madame Fesch s'était efforcée de tenir son rang de femme de banquier. Elle était à la hauteur des situations mondaines. Même pendant la guerre, les bûches brûlaient dans la cheminée de marbre, les repas étaient servis sur du linge brodé : les mets étaient succulents, arrosés de vins recherchés, enclos en bouteilles poussiéreuses. Monique, Nicole et Jacques, les trois enfants qui arrivèrent après la mort, tombèrent dans une famille déchirée.

L'histoire de Jacques commence le 6 avril 1930, date de sa naissance dans la résidence de Saint-Germain-aux-Fantômes.

Il arrive avec la fin d'un monde. Foch vient de mourir et le plus illustre des Français est alors le maréchal Pétain... Soixante-quatorze ans ! Jacques naît dans un pays enfin en paix et les seuls soldats qui montent la garde autour de ses vagissements sont de plomb. Une ligne illusoire, la ligne Maginot, dresse ses fortifications autour du grand berceau des enfants de France.

Il a à peine un an quand son père le promène dans la grandeur française, à l'intérieur de l'Exposition coloniale. La république célèbre alors le centenaire de l'expédition d'Alger. L'œuvre civilisatrice de la France s'affiche dans un exotisme ringard. Trop petit, l'enfant ne voit rien. À moins que l'imagination des voyageurs en poussette ne voie ? La reconstitution du temple d'Angkor, les pavillons marocain, malgache, les fontaines berbères. L'au-delà des mers n'agiront-ils pas, un jour lointain, sur les rêves de l'enfant ? Qui peut savoir ? On a bien affirmé que la passion folle de Gauguin pour les îles de l'Océanie venait d'un voyage qu'il fit, alors qu'il n'avait que quinze mois, aux antipodes...

L'enfant grandit aux soins indifférents d'une nourrice, puis d'une gouvernante ; il entre à l'âge de cinq ans à l'école située au 30, rue Alexandre-Dumas. C'est encore le temps des tabliers noirs.

À l'âge de huit ans, toujours en culottes courtes, il entre au collège libre de Saint-Érembert, dirigé par un abbé en soutane, sévère et pieux, Georges Assemaine. C'est l'école d'alors avec sa discipline, ses messes, son éducation rigoureuse, son parfum inaltérable de péché et son architecture carcérale ; les longs couloirs sombres, le réfectoire militaire, la cour dénudée et grise, le parloir avec la tristesse de ses chaises vides. Il rencontre là de remarquables professeurs : il n'y manque que la tendresse. La jeunesse dorée y apprend le latin, Dieu et la patrie.

La pension coûte cher. Pendant neuf ans, Jacques vit à l'intérieur de cette institution. On remarque bien que quelque chose ne va pas chez lui. Il est renfermé, secret, vaniteux ; il se glorifie d'exploits imaginaires qui subjuguent ses camarades. Il vit dans un rêve et traverse comme un train fantôme le monde qui l'entoure, les années de crise, de guerre, de collaboration. Que comprend-il à cette drôle de guerre qui déchire les Français entre eux ? Les uns, comme le père de Jacques, vénèrent un maréchal vichyssois, les autres révèrent un général londonien. Mais le vrai conflit pour ce fils gâté et délaissé est celui qui oppose son père et sa mère. Ils se livrent depuis les premiers jours une guerre farouche, à coups de cris et de scènes. Il n'est pas question de divorcer, en ces temps où les époux se détestent sans jamais se séparer. Ils se haïssent méthodiquement, d'une haine ponctuelle, presque contractuelle.

En juillet 1947, ne tenant aucun compte de cet environnement, le directeur conseille poliment à Jacques d'aller rêver ailleurs. Il a grandi trop vite. Il a dix-sept ans, l'âge des poètes et des flots d'amertume dans le cœur. Son père fait de l'argent, fume le cigare et n'est jamais là, à l'endroit de la présence utile. Un père absent, d'une arrogante absence, cultivée comme un dédain de la tendresse. Sait-il seulement que son fils a changé d'école ? Qu'il a deux ans de retard sur sa scolarité ? Qu'il est un raté, un cancre, mal noté, fugueur, timide, instable, amorphe ? Que peut savoir ce père qui ne pense qu'à lui, qu'à ses affaires, qu'à ses conquêtes ?

La seule chose qu'il réussit à communiquer sans le vouloir à son fils inutile, c'est une culture générale, une sensibilité à la beauté des choses. Ce cynique, on le sait, aime les livres, les grands auteurs, la belle musique, l'opéra. Son fils, par subtile imitation, aura les mêmes goûts. Au pire moment sa vie, il sera sauvé par quelques lectures aux effets miraculeux.

Jacques grandit au sein d'une famille, d'une éducation qui le modèlent à leur guise. C'est un bon à rien qui porte les tares de son dressage. Il calque son père, sa mère, ses enseignants, son époque. Il aurait pu demeurer dans la banalité de ces reproductions et vivre une vie simple, médiocre et ferroviaire, comme tant de vies qui se traînent sur les rails du conformisme. Mais Dieu en décidera autrement et cet enfant rêveur et passif se transformera en « gouape de bonne famille » et fera son entrée dans le monde par les portes de l'horreur...

Quartier latin

Jacques est un beau jeune homme, grand, blond, fragile comme une musique la nuit. Il arrive à l'âge adulte sans but, sans fierté. Il a tout raté. Sa seule occupation consiste à dépenser de l'argent dans les boîtes de Saint-Germain-des-Prés.

Toutes les époques sont difficiles, parce que vivre est difficile. Alors l'avant-guerre, l'après-guerre... Après tout, il faut être dans l'avant ou dans l'après tel qu'on est, c'est ça l'ennui. Le mal de vivre n'est pas d'*une* époque, et vivre mal n'est pas d'*un* siècle. Certains ne se mouillent pas sous l'orage, d'autres s'y noient. Jacques fait partie de la seconde catégorie.

Avec ses copains, à l'âge des fêtes nocturnes, assoiffé d'alcool, il traverse les nuits ; il erre jusqu'au petit matin sur le bitume sans prés de Saint-Germain. La jeunesse se retrouve là où les écrivains se sont repliés pendant l'Occupation ; les loyers, les restaurants, les cafés y étaient moins chers. Sartre et Simone de Beauvoir avaient travaillé sur une petite table du café de Flore, croisant Camus et Koestler qui repeignaient le monde en mangeant des croissants. Les

Deux Magots accueillaient l'élite intellectuelle et, de l'autre côté du boulevard, la brasserie Lipp nourrissait les éditeurs, les acteurs, les cinéastes, les gens en vue. On était alors existentialiste.

Imitant sans le savoir la génération de la guerre qui cachait sa peur de la mort dans les caves des immeubles, et par une dérision inconsciente, la jeunesse s'amuse maintenant dans les caves du Quartier latin. Juliette Gréco chante et Boris Vian joue du trombone. On fréquente le Tabou rue Dauphine, le Méphisto boulevard Saint-Germain ; on déjeune aux Assassins rue Jacob, on sirote au Bar Vert, on applaudit Juliette à la Rose Rouge. Le monde est absurde, il faut donc s'amuser. Une crise de civilisation commence à poindre, qui ne fera qu'empirer avec le culte moderne de l'efficacité et de l'abstraction.

Jacques a vieilli, il a vingt-trois ans... On est en novembre 1953. Que de choses ont changé ! Des mots étranges font leur apparition dans l'actualité : « bled », « djebel », « Diên Biên Phu », « fellagha »...

Jacques, en peu de temps comme son époque, a accumulé les échecs.

Il s'est marié il y a deux ans sans trop savoir pourquoi, sans doute par mimétisme social. C'est vrai, Pierrette était enceinte, et puis il s'entendait bien avec elle et avait trouvé chez sa belle-famille Polack un accueil chaleureux.

Sa fiancée, il l'avait rencontrée alors qu'ils avaient tous deux dix-sept ans — l'âge, bien sûr, des décisions définitives... Jacques taquinait Pierrette parce qu'elle portait, en sortant de l'école, un gros pot au lait ! Elle devait acheter le lait pour ses frères et sœurs. « Pierrette et le pot au lait », c'était facile et charmant... Grâce au fabuliste, ils se sont souri. Et puis, de fil en aiguille, une histoire d'amour s'est tissée. Pierrette a ressenti très tôt la détresse de Jacques et la grande sœur aux six petits en a recueilli un septième. Une fillette est née, Véronique, dont Jacques ne s'est guère occupé. Plus tard, il reconnaîtra : « C'est bizarre, mais on ne réalise jamais très bien ce que c'est qu'un enfant. On le voit bébé, une sorte de jouet amusant, mais on ne se rend pas compte qu'un jour il deviendra un adulte, qu'on aura des comptes à lui rendre et de grosses responsabilités... À vingt ans, on n'est pas père. »

Jusqu'à la naissance de Véronique, il cache son mariage à ses parents qui ne supportent pas les juifs. En l'apprenant, ils sont furieux de cette union qu'ils considèrent comme un affront, une mésalliance, une tare. Ils font tout ce qu'ils peuvent pour détruire le ménage. Son père lui écrit : « Ce mariage, c'est une malédiction qui tombe sur notre famille. »

Jacques s'éloigne de Pierrette, obéissant ainsi comme un gosse à l'influence de ses géniteurs. Il est vrai aussi que les choses vont mal entre Pierrette et lui. Sa belle-famille commence à avoir une mauvaise opinion sur le gendre : le beau-père, qui l'avait embauché dans son entreprise, l'accuse même de malversation et finit par le mettre à la porte. Maintenant, Jacques n'a plus de travail.

Entre-temps, ses parents se sont séparés. C'est une période triste et dure pour lui. Une période d'immobilité humiliante.

Cette année-là justement, son père a choisi de faire un grand voyage pour se changer les idées ; il a décidé d'aller au bout du monde des voyageurs, visiter Tahiti, le seul endroit qu'il ne connaît pas. Au moment où la grisaille s'abat sur la vie de Jacques, chômeur, mari déserteur, son père fait ses bagages pour les îles des mers du Sud.

Le vieux s'évade vers tous les rêves d'aventure, il navigue toutes voiles dehors vers la Polynésie. Jacques n'en revient pas. Il vogue, le vieux, vers « l'archipel qui poudre les mers du grand océan[1] ». Évidence magnifique et injuste. Ce père parti au loin laisse derrière lui de lourdes incompréhensions. Jacques déchiffre le sens de ce départ comme une leçon d'audace, mais il ne perçoit pas les misères qu'il dissimule : misère de ne pouvoir dire son amour, misère de vouloir les siens à sa mesure, misère de ne pas comprendre sa femme, son fils, de ne tolérer aucune faiblesse. Immense misère d'avoir peur d'être aimé et de casser l'amour des autres.

Jacques, lui, le fils, demeure un voyageur immobile, amoureux des cartes et des estampes. Il aurait tant aimé partir, comme son père, peut-être même avec lui. Et il reste là, comme un ballot oublié sur le quai.

Tout ce qu'il peut espérer, c'est d'obtenir de sa mère une somme qui lui permettrait de monter une société pour le financement de la modernisation des chaudières, et ainsi de faire du tort à son beau-père. Quel programme ! Rêver au soleil des mers du Sud,

1. Victor Segalen, *Les Immémoriaux*, coll. « Terre humaine », Plon, 1970.

au silence brassé des nuits océaniques, aux souffles embaumés, aux créatures mouvantes... rêver à tout cela, et vendre du chauffage, c'est subir l'affront du réel, l'insolence du père !

Après tant d'échecs, il veut changer de vie. Il pense que le nouvel homme qu'il devine en lui ne peut s'épanouir que sur les routes du monde ; il brûle du désir d'entrer, par la magie de la pérégrination, dans les zones obscures de son être ; il les ressent, mais, dans la banalité de son existence, il ne peut les approcher. Quand le temps se fait pesant, gluant, l'idée du voyage en change les couleurs. Aller ailleurs est une manière de nier le temps, de le délester de son poids fatidique d'habitudes, de contraintes répétitives. Jacques souffre de sa vie médiocre et se console en se projetant dans des îles illusoires.

Cette chimère prend un sens particulier pour lui, puisque son père vogue vraiment vers les effigies des dieux du ciel érigées dans les enceintes sacrées, les *marae*. Pour changer sa vie, Jacques croit qu'il a besoin lui aussi de cette distance, de ce découpage du monde en langues différentes, en heures différentes, en coutumes et usages différents, en mystères différents. L'étonnement, le seul remède au mal de vivre...

Le fils à maman

Faute de caravelle pour s'embarquer, il trouve refuge à Saint-Germain-en-Laye, chez sa maman. Sa maman qui, lorsqu'il était enfant, lui bourrait les poches de farces et attrapes et de boules puantes. Sa maman qui, apprenant son renvoi du collège, avait minaudé : « Mon Jacquou a encore fait des bêtises. » Sa maman qui, lorsqu'on avait parlé de lui trouver un métier (il avait alors vingt ans), s'était écriée : « Voyons, il n'est encore qu'un bébé ! »

Quittant femme et enfant, il retourne donc dans les jupes de sa maman. Elle est devenue une vieille femme malade, aigrie ; son mari qui l'avait toujours délaissée vient de l'abandonner officiellement. Elle se morfond, ressasse ses épreuves d'antan avec une délectation morbide : c'est son passé, sa vie mélancolique. La tristesse stabilisée, impuissante, offre le goût du temps accompli. Une chose la satisfait pleinement, cependant : son fils est là, de retour dans son giron, de retour au bercail. Mais comme il a changé, le bercail ! Ce n'est plus la belle demeure des années fastes, mais un petit appartement de trois pièces au 6, rue d'Alsace. Le voilà seul avec sa vieille maman possessive. Comme elle veut le venger de l'affront du beau-père qui l'a congédié, elle lui donne l'argent nécessaire pour monter une entreprise concurrente : un million de francs de l'époque, jolie somme pour débuter dans l'industrie !

Le 28 octobre 1953, la société Soficalor est créée par-devant Maître Rolland, notaire à Saint-Germain. Jacques dispose du capital social, le million de francs donné par sa mère. Mais cette somme sert, en partie, à l'achat d'une Simca sport et, pour l'autre partie, aux dépenses de la belle vie. Le beau-père n'a rien à craindre de la concurrence... Tout au plus éprouve-t-il l'amertume d'avoir été trahi par son gendre.

Pour s'étourdir, Jacques est retourné, comme au temps de son célibat, à Saint-Germain-des-Prés et ses caves enfumées. Finalement, il vivote entre Saint-Germain le vieux, chez sa mère, et Saint-Germain le jeune, chez ses copains de fête.

Le Quartier latin redevient son quartier général ; celui des soldats éméchés de la nuit qui meurent en vomissant le petit matin. Il zigzague dans les boîtes de nuit à la mode où flottent des airs de jazz, joue de la trompette et prend dans les filets de son insouciance les filles qui passent. Mais ses conquêtes d'une nuit perdent tout leur attrait dès que l'aube les démaquille. Jacques alors s'en retourne mal rasé, plus las que jamais vers la solitude désuète de Saint-Germain-en-Laye. Le temps ne traîne plus que dans le tunnel d'un long ennui et la nuit revient, servie au fond des verres de scotch. Il boit, danse, baise. Boris Vian et Claude Luther, Cendrars et Cocteau donnent un peu de poésie à cette futilité. Trombone de la mauvaise renommée, Boris Vian chante dans les caves noircies le rêve des déserteurs du monde. Aux enfumés de tabac blond ou gris, il confie qu'il ne veut pas crever avant d'avoir goûté la saveur de la mort. Mais avant de déguster la liqueur mortelle, il faut vivre ! Aller au bout des mondes chimériques... Pour Boris, ce sont les chiens noirs du Mexique, les singes à cul nu dévoreurs des tropiques, le fond vert de la mer où valsent les brins d'algues sur le sable ondulé, le vent dans les orties, le jour où il y aura autre chose que le jour[1]...

Pendant cinq mois, Jacques erre dans cette fuite des misères humaines, trimbalant son charme à l'intérieur de cette voie sans issue. Il est beau, il ressemble à son héros, James Dean, dont il arbore la fragile nonchalance. Il est grand, mince, ses cheveux blonds d'un désordre romantique décoiffent un visage sec, émacié, où des yeux bleus expriment un ennui irrésistible.

Il plaît. Mais se lasse. Le séducteur est fatigué de cette existence vide et laide. Il tourne le dos aux malheurs des autres, comme son père le lui a enseigné, en se camouflant dans le divertissement. Cependant, quand il fait le point, la tête lui tourne. Il se dégoûte, mais reste indulgent et ne se donne jamais vraiment tort. Un fond terrifiant de cynisme le désengage de tout.

Dans les rues, il gèle à pierre fendre. Des pauvres succombent : le petit Marc, un bébé de trois mois, est mort de froid dans le vieil autobus percé de ses parents. Les corbillards avancent, tirés par des chevaux. Un

1. « Je voudrais pas crever », *in* Jean Clouzet, *Boris Vian*, coll. « Poètes d'aujourd'hui », Seghers, 1988.

curé barbu et coiffé d'un béret comme d'un heaume de chevalier s'est révolté...

Ce monde rend Jacques malheureux, mais de son malheur à lui, unique et égoïste. Il a pourtant une femme, jolie, gentille et qui l'aime. Pourquoi l'a-t-il quittée ? Tout se confond dans la débâcle de sa vie. Pierrette est pour lui « le meuble principal d'une pièce auquel on est habitué, qu'on ne remarque plus trop, mais qui, si jamais il était enlevé, laisserait le propriétaire tout désemparé[1] ».

Le choix des mots n'apparaît pas d'une extrême délicatesse, mais il exprime brutalement le sentiment d'abandon viscéral dont souffre Jacques. Il souffre de ressentir si tôt, si jeune, l'impression d'avoir raté sa vie. Il tire depuis trop longtemps à côté de la cible mouvante des sentiments. Il se croit incapable d'aimer.

1. Jacques Fesch, *Lettres de prison, Lumière sur l'échafaud, Cellule 18*, éditions Ouvrières, Paris, 1989. (Nouvelle édition : *Lumière sur l'échafaud*, coll. « À pleine vie », éd. de l'Atelier, 1991.) Ouvrage désormais mentionné sous l'abréviation LÉ.

Une fenêtre sur la rue

De sa fenêtre, il regarde pendant des heures la rue mouillée. Il a envie de pleurer. Il se lamente sur lui, sur la vacuité de sa vie. Quelque chose de terrible se noue dans le destin de ce jeune homme qui se délite dans un ennui contemporain. Il cherche le moyen de sortir de cette impasse. Privé d'idéal, asséché d'amour, il se croit le droit de tout faire, de tout tenter, de tout rêver… Du fond de son histoire remontent les images de l'enfance. Sa mémoire revisite les albums de timbres-poste, tourne les pages ventées des livres d'aventures, imagine le père pérégrin, casque blanc colonial sur la tête, parapluie noir au bras, enjambant les mers du Sud. L'image de ce père voyageur le pousse comme le vent dans la grand-voile vers une solution fugitive. Il hésite encore, mais ne peut lutter davantage contre l'attrait du dépaysement. Ainsi naît dans l'esprit de Jacques la détermination d'accomplir en navigateur solitaire la dernière croisière de son père qu'il déteste.

En attendant, il essaye de combler le néant de ses jours par l'inconscience, l'égoïsme, la sécheresse. Il est malheureux, ses semblables ont donc l'obligation de subir en retour son malheur. Sauf s'il réussit à réaliser son rêve : voyager jusqu'au bout du monde pour changer de vie. L'accomplissement de son rêve, pense-t-il, le délivrera, ou l'échec le tuera.

Quel destin pour ce paumé rendu insensé par le mal de vivre ? Dans cette période de désarroi profond, Jacques a retrouvé deux amis : Criquet, un revenant des années de scoutisme, et Croquignole, connu lors du service militaire à Strasbourg. Criquet, l'ami qui vous veut du mal, lui suggère d'acheter un bateau, un voilier, et de l'emmener pour faire à deux ce tour du monde ; ce chant insensé l'enchante, délie son imagination ; quelqu'un, enfin, pense, rêve comme lui, il n'est donc pas fou ! Ses projets de fuite océanique peuvent se réaliser s'il achète un bateau ! Ils n'ont pas le sou, aucune expérience de navigation, mais sont déterminés à acquérir, à n'importe quel prix, un bateau… Criquet, loin de le raisonner, l'encourage, allant même jusqu'à proposer de contribuer à l'achat du bateau, ce qu'il est incapable de faire — il doit même de l'argent à son employeur ! Croquignole, employé d'un agent de change, ne paraît pas surpris des intentions de Jacques. Avec Criquet, il le conforte dans son irréalisme. À eux deux, ils donnent créance à l'incroyable voyage autour du monde sur un voilier voltigeur qui naviguerait seul. Comment ont-ils osé accréditer pareille rêverie ? Ont-ils mesuré la puissance destructrice des rêves impossibles ?

Ailleurs, aller ailleurs, c'est le mot d'ordre des passagers assis dans le train-train de l'ennui. Aujourd'hui,

Jacques, Criquet et Croquignole s'enrôleraient dans le tourisme humanitaire, fiers de fuir pour la bonne cause leur mauvaise conscience. Ils se risqueraient peut-être sur les virtuelles barricades médiatiques pour dénoncer l'injustice du monde réel ; ils prêcheraient une bonne parole qui ne coûte rien. Missionnaires en mission d'émission de télévision.

Jacques, « ce vieillard enfant », ressent un besoin d'évasion. Son rêve est fou, il veut, sur un bateau, aller au bout du monde, traverser « l'outre-mer et l'indigo ». Il est en pleine révolte contre le réel ! À dire vrai, il n'est pas le seul... D'autres avant lui, d'autres après lui levèrent, lèveront leurs yeux écarquillés d'ennui vers des îles illusoires, ou alors, aujourd'hui, vers des haines réelles, perchées très haut sur les gratte-ciel.

L'histoire de Jacques paraît banale. C'est toujours la même histoire pour ceux qui ont le mal de vivre tatoué sur la peau... On a connu Katmandou, la plage sous les pavés, le plancher des vaches en Lozère, la Thaïlande, les hauts sommets himalayens, Ibiza, Dharamsala, et ainsi se succèdent les paradis sur terre. Génération après génération, on cherche la tour d'ivoire d'où il n'y a jamais rien d'extraordinaire à voir. C'est ainsi. Dans la commune histoire de Jacques Fesch, si Dieu n'allait après le diable s'en mêler, il n'y aurait rien d'extraordinaire : rien qu'un jeune homme insignifiant qui s'ennuie, souffre de ses échecs, et surtout ne trouve aucun sens à sa vie. Cette vacuité va jouer un rôle tragique ; elle démontre combien les sociétés incapables d'offrir du sens à l'existence poussent au crime, au désespoir, à la folie.

Le petit nanti de Saint-Germain est un triste exemple des malheurs que peuvent causer les parents qui se maudissent et se séparent, les faiblesses excusées, théorisées pour être justifiées socialement.

Bourgeois, Jacques détale devant un mal de vivre causé par les éternelles mêmes causes ; celles qui, aujourd'hui encore, font fuir les enfants du IIIe millénaire.

Évidence, Saint-Germain, ce n'était pas Le Mas-du-Taureau à Vaulx-en-Velin, Le Luth à Gennevilliers, Les Indes à Sartrouville, Le Val-Fourré à Mantes-la-Jolie… Saint-Germain-en-Laye, ville de roi, n'avait rien d'une banlieue moderne, elle n'érigeait pas l'ordure bétonnée, mais au fond, ici ou là, hier et aujourd'hui manquait l'essentiel : savoir pourquoi on vit, savoir pourquoi on meurt ; à craindre, sinon, qu'on s'invente des vies et des morts surprenantes !

On remarquera, au passage, l'indécence, pire, l'odieuse ironie des noms plaqués à ces lieux d'empaquetage humain que sont les grands ensembles des banlieues : « Les Indes », « Le Luth », « Le Val-Fourré »… Escroquerie de mots ! Invitation au voyage… Mais, là et encore, on voit à l'œuvre les charmeurs de serpents. Faut-il s'étonner s'ils prennent sur la tête un coup de luth qui ressemble à un gros morceau de béton ? L'invitation au voyage ne coûte pas cher, mais laisser en plan les rêveurs déçus sur le quai cimenté *peut* et *doit* coûter très cher, on le mesure maintenant.

Jacques est prisonnier, lui, de ses banlieues intérieures, comme les jeunes d'aujourd'hui, victimes des mensonges accumulés par l'industrie du faux, sont prisonniers de leurs banlieues extérieures. Embarquez-vous pour le voyage de dupe ! Entrez dans l'image aux mille mirages ! Entre Jacques et eux existe cependant une différence de taille : lui, il pouvait rêver, eux, ils ne le peuvent plus.

Jacques s'imagine quitter la France, aller vivre au bout du monde, traverser l'océan Indien sur un bateau, le corps brûlé par un vrai soleil de pirate. Qu'on le comprenne ou pas, faute de mieux, il se drogue aux chimères, se shoote aux illusions.

Cette idée rimbaldienne que le voyage peut tout changer se nourrit de son histoire. Son père incarne à lui seul la notion même de voyage ; il a été un bourgeois bourlingueur et, même s'il ne reste plus que des débris de ses vieilles malles sanglées de cuir, elles ont heurté les quais de Chine, d'Égypte, de l'Inde. Les hôtels feutrés et ambigus de Shanghai, de Dar es-Salaam et du Caire ont caché ses aventures. Il ne pose ses bagages qu'en 1920, époque où il est nommé directeur de la Banque internationale franco-belge ; mais avant, que de paquebots romanesques il a pris pour de longues traversées ! Que d'aventures, fiertés du colon au casque blanc, il a racontées, en faisant tinter les glaçons dans son verre de scotch !

Ce père pérégrin représente une autre époque, celle des colonies triomphantes, d'une France fière d'avoir apporté la civilisation aux « sauvages ».

On ne transportait pas alors son mal de vivre sous les tropiques, même s'il entrait en fraude dans les valises tamponnées de destinations exotiques. Officiellement, on ne voyageait pas pour tourner le dos à la civilisation, mais pour l'imposer au monde. On transportait les saints sacrements du progrès, on était — le père de Jacques était — un missionnaire du capitalisme social. Cette arrogance de colon dominateur, méprisant et obsédé de profit supposé honorable, Jacques la déteste. Mais en même temps, le voyageur voyage dans son inconscient, où il a semé un champ d'itinéraires sublimes.

Et puis, pourquoi faut-il qu'au pire moment de désespoir, la seule solution qui vienne à l'esprit du vieux Fesch pour aider son fils soit de lui proposer un emploi de fabricant de parasols… en Polynésie ? Rien de tel pour humilier le rêve. Que son père ait osé associer l'idée grandiose du voyage dans l'archipel mythique à l'image d'un commerce réducteur, caricatural, provoque chez Jacques un intolérable sentiment d'abaissement.

C'est que l'idée de l'évasion grandiose vers le bleu des mers du Sud n'est pas née d'un catalogue du *Chasseur français*. Les livres et l'époque ont œuvré pour créer l'idée du salut dans le voyage. Alain Gerbault, Melville, Loti, Segalen, Reverzy, dans le désordre, ce dernier ayant reçu le prix Renaudot pour *Le Passage* en 1954… Et enfin, encore plus loin dans le temps, Robert Louis Stevenson, le maître du roman d'aventures, fasciné par la toute-puissance du mal et la dualité de l'homme, également attiré par Dieu et par Satan. Jacques, comme beaucoup de jeunes, a lu Stevenson, qui installera son *Île au trésor* à Samoa, en Polynésie…

Dans la bibliothèque paternelle, il déniche les livres racontant les expéditions du capitaine Wallis en 1767, les voyages de Bougainville, l'histoire de la dynastie des Pomaré, rois de Tahiti, l'épopée du *Bounty*. Il entend en rêve l'entêtante rumeur des brisants de corail.

Un livre sur Gauguin répand dans son esprit la lumière qui aveugle et éblouit, des arbres bleus et des seins aux fleurs rouges ; y couche Tahura, la Vahiné allongée nue que veille l'esprit des morts ; y plante un Christ jaune comme le soleil... Il se dit qu'au-delà des apparences, un artiste, en quittant son métier de banquier pour l'archipel, a pu découvrir l'invisible beauté des choses. Un banquier peut donc, car Gauguin a été banquier, embellir et changer le monde en se réfugiant à Tahiti !

Chez son père, il découvre et lit *Les Chants de Maldoror*, du comte de Lautréamont, poète maudit, mort à vingt-quatre ans, qui, à dix ans, se passionnait pour les combats de coqs du cirque Santa Teresa Del Pantanoso... Il vivait dans la rue Vivienne, il écrivait la nuit et jouait du piano pour trouver les accords de sa prose. Il voulait arriver à l'« anéantissement complet », et ses *Chants de Maldoror* sont un appel au mal. Dans la rue Vivienne, cette même rue où Jacques, dans peu de temps, entrera dans la tragédie, l'étrange silhouette frôlait les murs gris sous l'œil oblique des voisins.

Comme les jeunes romantiques de son temps, Jacques a dévoré les récits de voyages d'Alain Gerbault, le marin des années 1930, qui a sillonné les mers du Sud. Des milliers d'adolescents sont fascinés par l'aventurier. Jacques a recopié en gros caractères, sur un carnet, ce passage de *Seul à travers l'Atlantique* : « Mais, parce que, depuis des siècles, les hommes ont coutume de vivre esclaves de la civilisation, je ne serai pas obligé de mener la même vie servile et conventionnelle. Maître de mon navire, je voguerai autour du monde, ivre de grand air, d'espace et de lumière, menant la vie simple de matelot, baignant dans le soleil un corps qui ne fut pas créé pour être enfermé dans les maisons des hommes. » Il y avait encore un droit à l'épopée.

Le soir, Jacques suit sur une vieille mappemonde, contre les vents et marées du sommeil, l'itinéraire du marin qui, à bord de son voilier *Le Fierecrest*, a fait le tour des océans, seul au monde, ermite dans sa cabine tapissée d'étoiles.

Les jeunes lisent, la télé n'a pas encore brûlé tous les livres ; ils dévorent *Seul à travers l'Atlantique*, *À la poursuite du soleil* ; les récits d'Alain Gerbault soufflaient le vent du large. Jacques s'imagine, vague après vague, voguant sur l'océan Indien, quittant ce monde. Comme son héros, il jette l'ancre dans la plus grande des petites îles de la Sonde, à l'est de l'archipel indonésien, l'île Timor ; le dernier verre de rhum à la main, tremblant de tout son corps, beau comme Rimbaud, il meurt de la malaria.

Le monde maudit où pullulent les factionnaires fonctionnaires de l'ennui s'éloigne. Il rêve, les yeux grands ouverts, à des lendemains qui chantent la mer et le rocher. L'autre vie, une autre chance, une autre naissance ! Il croit alors, de toute la foi des enfants qui fantasment, qu'un bateau pourrait le porter vers l'autre bord, Tahiti, les îles Galápagos, les rochers inaccessibles, l'équateur qui éclate le cœur. Et Criquet en rajoute ; on parle du navigateur solitaire, on parle de Bougainville qui voulait baptiser Tahiti du nom d'Utopie ! On parle pendant des heures des îles du grand océan... On parle du maître des flots, on évoque ce 28 mai 1951 où, vingt-cinq ans après son arrivée à Bora Bora, les restes du navigateur mort à Timor en 1941 y furent inhumés dans une tombe érigée sur le quai du village de Valtepe. Dans son livre *L'Évangile du soleil*, il avait rédigé sa propre épitaphe :

Amis, ne plaignez pas le marin disparu,
Heureux, il dort où il voulait vivre.
Amis, ne pleurez pas le marin disparu,
Mais priez que les vagues le bercent longuement.

Les vagues veillent inlassablement sur le marin disparu, bercent les désillusions, cicatrisent les plaies métaphysiques et obsèdent les rêveries malheureuses de Jacques.

Il touche le fond. Le matérialisme ambiant l'écœure. Déjà la vie moderne impose ses pièges et ses valeurs de rentabilité à tout prix. Le cauchemar climatisé dont parlait Miller est là, la barbarie utilitaire aussi.

Quel monde ! À ce point précis de son existence, l'évasion devient pour Jacques une question de survie. Plus tard, un avocat général lui reprochera de ne pas avoir pris le bateau pour l'Indochine... Il ne veut pas la guerre, il veut la paix des grands voiliers qui s'épurent dans le vent. Il veut acheter un bateau pour s'en aller vers des jours meilleurs.

Fuir, fuir, s'enfuir, tourner la page et exorciser ses ratages sur les plages de Papeete.

Il lui faut un bateau !

Le choix du bateau comme moyen de fuite en dit long.

Du lit où l'on rêve au bateau où l'on flotte, le chemin n'est pas long ! « Le rêve existentiel de l'enfance est de s'enclore et de s'installer[1]. » Le navire est un fait d'habitat avant d'être un fait de transport. Aimer les bateaux, c'est d'abord aimer une coquille à l'intérieur de laquelle, dans un espace réduit, on se sent chez soi, à l'abri ; on touche du doigt les limites de la maison ; on est maître à bord ; on est dans la mer des origines. Jacques est mal, très mal ; dans la confusion de ses projets perce, à travers l'idée du voyage pour le voyage, le souhait de s'inscrire dans un infini qui abolit la lourde vie quotidienne. D'autres, avant lui et après lui, ont voulu partir pour se créer un monde nouveau, échapper au conformisme social. Le caractère unique de son histoire tient à l'échec de son voyage matériel et — c'est là tout le paradoxe de ce parcours singulier — à l'extraordinaire odyssée spirituelle, sanglante et radieuse qui l'attend.

À défaut d'idéal, il avait, écrivait-il, « sérieusement besoin d'avoir un but autre que celui qui se résumait dans des ambitions de végétal[2] » ; il s'en est fabriqué un à l'aide d'une boussole chimérique. Mais il tourne en rond autour de son rêve, et son rêve tourne autour de lui comme une toupie, jusqu'à l'hypnotiser. À cet instant de mystification où Jacques croit à la réalité

1. *In* Roland Barthes, *Mythologies*, Éditions du Seuil, 1957, rééd. 1970.

2. Jacques Fesch, *Dans cinq heures je verrai Jésus : journal de prison*, « Témoins de la Lumière », Sarment, 1994. Ouvrage désormais mentionné sous l'abréviation JP.

de l'irréel, où les mots, bateau, voyage, voiles, océan, le trompent, comment ne pas évoquer la prière de Donissan sous le soleil de Satan, qui valait bien le soleil imaginaire des îles :

« Notre intelligence est épaisse et commune, notre crédulité sans fin, et le suborneur subtil, avec sa langue dorée... Sur ses lèvres les mots familiers prennent le sens qui lui plaît, et les plus beaux nous égarent le mieux. Si nous nous taisons, il parle pour nous et, lorsque nous essayons de nous justifier, notre discours nous condamne. L'incomparable raisonneur, dédaigneux de contredire, s'amuse à tirer de ses victimes leur propre sentence de mort. Périssent avec lui les mots perfides ![1] »

Ces mots-miroirs magiques aux alouettes, Jacques s'en éblouit. Son bateau qu'il n'a pas encore, il l'a baptisé. Il est allé chercher un nom dans la langue des conquistadors. Son bateau s'appellera *le Tiburon* ! Étrange mot... Il évoque des lieux merveilleux, un cap montagneux en Haïti, un archipel dans la mer des Antilles, mais aussi... le tueur des mers : le squale !

Nous sommes en janvier 1954...

1. *In* Georges Bernanos, *Sous le soleil de Satan*, Plon, 1994.

Une âme traquée

« Libre ? Non, je ne l'étais pas. Tout me poussait à fuir, à prendre la voie large qui conduit à l'abîme. Chaque jour qui s'écoulait resserrait autour de moi ce filet qui allait m'étouffer. Une âme traquée ! Ma femme, vivant reproche de mon abandon ! Ma mère, qui voyait le peu de succès de mon travail, m'avait chassé de chez elle. La société commerciale dont j'avais à rendre des comptes, et quels comptes, puisque l'argent avait été utilisé pour acheter une voiture ! Que pouvais-je faire ? Oh ! C'était bien simple, me dira-t-on : vendre la voiture, restituer ainsi le capital, reprendre ma femme et aller bien humblement solliciter du travail. Mais où aurais-je pu prendre la force d'une telle détermination si pénible pour moi ? Dans le cynisme, le nihilisme qui m'avaient été inculqués ? Et dans quel but le sacrifice, puisque je pensais que le chaos final engloutirait tout et que rien n'est bon ni mauvais dans le monde ? Non, la fuite était préférable, et qu'y a-t-il de plus romanesque, aventureux et séduisant qu'un ami qui vous susurre à l'oreille les merveilles d'une vie libre de navigateur solitaire ? » (LÉ)

Une voix a toujours raison : celle qui murmure ce que l'on souhaite entendre. Jacques n'entend qu'une voix, celle qui lui dit : « Enfin, on va vivre loin des hommes qu'on n'aime pas, et puis quelle merveilleuse façon de fuir les ennuis ! » (LÉ) La seule « façon de fuir les ennuis » est de posséder un bateau.

Jacques croit que Criquet a les poches pleines, Criquet pense que Jacques est riche, ils se leurrent l'un l'autre.

Le 25 janvier, Jacques part pour Dampierre-sur-Loire, où son père a posé ses valises depuis son retour de voyage. Il doit s'y installer. Quelle destination pour un aventurier ! Tout au long de la route froide, il n'a qu'une idée en tête : obtenir du vieux l'argent pour le bateau. Il ne doute pas que son père, d'un coup, l'aidera à réaliser son fantasme ; à tout prix, prière, promesse, prosternation, il veut se procurer la somme nécessaire à l'accomplissement de son rêve. Même si entre lui et son père ce n'est pas l'accord parfait, il espère pouvoir compter sur lui ; il est comme un enfant qui appelle au secours. À ce moment, il n'est ni pire ni meilleur qu'un autre, il veut changer de vie, réussir, prouver ses forces. Aucune bassesse dans ses projets cependant n'affleure, on le voit bien. On ne trouvera jamais dans les projets de Jacques la moindre mesquinerie. De la folie, du rêve, mais jamais d'abaissement.

Ici la pensée de Mauriac trouve sa place : « Les limites de la puissance divine, ce contre quoi la grâce ne peut rien, c'est la bassesse. Des criminels sont devenus des saints. Mais qu'est-ce que Dieu fera des âmes basses ? La bassesse n'est pas un péché. » Jamais de bassesse chez Jacques...

Rien qu'à la pensée que son père puisse lui refuser l'argent, il se sent étouffer. Il veut un bateau comme l'asphyxié veut de l'air !

Tout en suivant le métronome lancinant des essuie-glaces, il rêve. S'il réussit à partir, tout ce qui lui fait mal partira... Comme il n'a jamais été aimé, du moins le croit-il, qu'a-t-il à foutre de l'amour, ce canular de cocu ?... Son père, cette brute cultivée, sa mère, mièvre, malade, manipulatrice, sa fille, sa femme, à qui il ne parle plus que de ce bateau et qui se bouche les oreilles... qu'a-t-il à en faire ?

Il est incapable d'aimer ! Père, mère, épouse, enfant lui sont indifférents. Il ne ressent rien pour qui ou quoi que ce soit. Seule la musique est peut-être encore capable de l'émouvoir. Pétri d'égoïsme, il prend son plaisir sans s'occuper des autres. Il ignore complètement Dieu (LÉ). À vrai dire, il ne sait que faire de son âme, mais que faire d'une âme s'il n'y a ni Dieu ni Christ ? Son credo est repris de son père : « Les hommes sont inutiles, nous ennuyons la Création, il faut profiter de la vie, les autres hommes sont des imbéciles. » La route verglacée, les arbres givrés, cette nuit d'hiver lui inspirent une idée de suicide, une idée forte, comme les ténèbres qu'il fend de son véhicule. Il se sent « le jouet de forces supérieures » (LÉ).

La Rochelle

Depuis quelques jours, Jacques vivote chez son père. Il ne lui a encore rien dit de son rêve et de son désir. Ce 5 février 1954, il songe, les doigts crispés nerveusement sur le volant de sa Simca sport, au bateau qu'il va rencontrer à La Rochelle. Il a quitté Dampierre de bonne heure pour se rendre chez un armateur recommandé par le père de Criquet, M. Hervé.

Il découvre la porte de la Grosse-Horloge, la tour de la Chaîne, la tour Saint-Nicolas, les sardiniers et les navires de plaisance penchés sur le côté, un peu saouls.

Le constructeur est en train de finir le gréement d'un voilier de 10,25 mètres. Jacques respire les parfums du bois, admire les mouvements des cordages assemblés prêts pour les manœuvres courantes ou dormantes, les voiles, les poulies.

Il commande sans sourciller le même modèle, comme on commande à la lune de descendre dans sa poche, à l'océan d'ouvrir ses bras. Le voilier, gréé en cotre de 10,25 mètres de long, équipé d'un moteur auxiliaire de 7,5 CV, coûterait au total, l'armement terminé, deux millions deux cent mille francs ; une fortune, une folie ! Il s'est engagé à verser une avance avant la fin du mois de février... L'armateur lui remet un rouleau dans lequel se trouve le plan du bateau. D'une traite, il file à Saint-Germain, chez Criquet, pour lui montrer le plan mirifique. Ils s'émerveillent devant le dessin du bateau, et Criquet renouvelle son engagement d'aller au bout du monde sur ce voilier de papier. Jacques repart. Au volant de sa Simca qui le ramène chez son père, là où il vit depuis le 25 janvier 1954, il passe de l'abattement à l'enthousiasme. Il ne sait plus s'il conduit une voiture ou tient la barre d'un bateau. Il commence à confondre virages et rivages quand la vieille maison de Dampierre apparaît dans son immobilité de givre. Il gare bruyamment sa voiture pour faire sursauter son père d'indignation. Le vieux « nihiliste parfait, à l'esprit diabolique, ce végétal engourdi par le froid sommeil de l'hiver » (JP) reçoit cette provocation comme une preuve de l'indiscipline maladive de son fils : le retour du bon à rien ! En même temps, sans le montrer, il est content de retrouver son rejeton raté.

La maison baigne dans une atmosphère de livres, de musique, de supériorité culturelle. Banni le monde vulgaire du dehors ! Il en a toujours été ainsi. Un drôle de père pour un drôle de fils...

Ils s'embrassent comme on se serre la main, la distance, toujours la distance. Depuis qu'ils cohabitent, ils se parlent peu, n'ayant pas grand-chose à se dire ; où peut-être ont-ils peur de se parler ? De longs silences, entrecoupés de phrases banales, laissent chacun dans son camp affectif. Le vieux méprise l'échec de son fils, le jeune vomit la réussite de son père. Et pourtant, ils se ressemblent. Jacques, sans même s'en rendre compte, admire ce père, qu'il déteste cependant par dépit de n'être pas considéré par lui ; mais comment se faire reconnaître par un indifférent ? Comment attirer l'attention de cet homme prestigieux, fort, qui sait tout ? Comment supporter les reproches humiliants, les remarques blessantes, les leçons péremptoires qui renvoient le bon à rien à la niche ? Jacques en souffre d'autant plus que ce dédain l'écrase de haut.

Georges Fesch est éblouissant. Très droit, raide, toujours en complet veston, même l'été sous le soleil, il domine. Malheur au vaincu, et Jacques en est un. Le père a réussi à installer son modèle culturel où la musique, Schumann surtout, la poésie, la littérature, l'esthétique s'imposent comme un mode d'emploi de la vie intérieure ; à l'extérieur, c'est mort au vulgaire, aux faibles, aux ratés, aux croyants, aux imbéciles.

S'il avait pu être franc avec lui-même, Jacques se serait avoué son admiration pour ce colosse démodé. Mais il ne peut être franc avec personne ! Il va trop mal pour ressentir le moindre éclair de lucidité. Si le père et le fils s'étaient parlé, que de choses auraient changé ! Pourquoi est-il si difficile de se parler ? Probablement par peur, une peur pudique, inavouée de blesser l'autre ; c'est la lâcheté qui fonde le silence entre les êtres. Que de peine on fait en ne voulant pas faire de peine ! C'est aussi une paresse devant le poids écrasant de l'incompréhension.

De toute manière, Jacques n'est pas là pour se réconcilier. Il est là pour obtenir de l'argent, et rien d'autre. À moins que cet objectif ne cache un autre dessein plus humain, plus inconscient ?

À l'heure du dîner, le père et le fils se retrouvent autour d'une belle table. Ils se sont déjà tout dit de ce qu'ils n'ont pas à se dire. Jacques s'ennuie à mourir et passe son temps à regarder le feu (LÉ, lettre du 5 février 1954).

Il rompt enfin le sinistre silence pour demander à son père de l'argent afin d'acheter un bateau. Deux millions deux cent mille francs... Il doit verser un acompte de sept cent mille francs !

Il raconte ses projets, il s'enflamme, il a l'air d'un fou, il boit verre sur verre d'un vin blanc lumineux ; il rêve à voix haute.

Le banquier demeure figé de stupeur. Il regarde, hagard, ce fils ivre de flots qui ne sait même pas naviguer... Il est consterné et pense que cette époque de relâchement rend vraiment la jeunesse déraisonnable. Il dit non, brutalement, après un long silence appuyé d'un regard d'incompréhension. Il n'a pas l'argent ! À aucun moment il ne cherche à argumenter contre le projet : il n'a pas l'argent ! Pendant plusieurs jours, Jacques insiste. Le vieil homme se pose nombre de questions sur son fils, aucune réponse ne peut venir. Comment expliquer l'inexplicable, comprendre l'incompréhensible ? Acheter un bateau, mais pour en faire quoi ? se répète-t-il à longueur d'insomnie... Quelque nuit, il se demande s'il ne doit pas céder, aux risques et périls de l'aventurier sans aventure.

Mais que faire face à un fou qui ne rit jamais, qui semble avoir peur de tout, qui regarde la vie s'agiter devant lui en spectateur passif, qui chasse son angoisse par le goût des catastrophes ? Qui, soudain, devient pâle, des sueurs froides perlant au front, puis se marque de rougeurs et se met à trembler ? Georges Fesch ne sait comment se comporter avec ce fils dont le mal-être semble indéracinable... Quoi qu'on lui offre, il sera toujours incapable d'en profiter, il n'a pas le don du bonheur. Alors, Georges Fesch fait ce qu'il sait faire le mieux : il refuse. Mais, il propose une aide de dix mille francs par mois... C'est gentil, mais insuffisant pour acheter un bateau. Tout de même, le vieux grigou a eu un geste généreux. Pourtant, son intention tombe à plat. Jacques ne comprend rien à cette soudaine bonté qui camoufle un sentiment de culpabilité. Il ne voit que son échec. Il était sûr d'obtenir cet argent. Il déteste maintenant son père de toute la force de sa désillusion. Son rêve doit-il mourir faute d'argent ? D'un coup, tous ses griefs contre son père se cristallisent sur ce refus. Son orgueil souffre d'avoir quémandé en vain la clé du coffre-fort de ses songes. Banquier borné ! Jacques éructe de haine. Il se déteste de détester tout le monde. L'Univers lui en veut. Il est l'être exceptionnel et incompris que des médiocres gênent dans l'accomplissement de son grandiose dessein. Mais au fond de lui, même s'il se le cache, il a peur, terriblement peur de passer à l'acte. Il mesure alors sa lâcheté à son anxiété, il se juge en fonction de sa frayeur ; les forces qui le poussent sont celles-là même qui le retiennent.

Il peut renoncer, il *doit* même renoncer, puisqu'il n'a pas l'argent. Inquiet et malheureux, il est obsédé par la pensée que la solution à tous ses problèmes réside dans la fuite. Il lui faut ce bateau ! Il le lui faut, contre son père, contre ses échecs répétés, contre lui-même !

Assis devant la cheminée, il fixe le feu qui frémit et qui lui semble froid, fade ; un silence de maison de vieux verrouille les portes ; sa vie, c'est ça ! Il fait alors le vœu de réaliser son rêve par tous les moyens. Il a la certitude d'y parvenir. Une terrifiante idée surgit dans son esprit...

Une terrifiante idée

Le 10 février, il reçoit des nouvelles alarmantes de sa mère ; elle est hospitalisée dans une clinique à Saint-Germain ; le 11, il se rend avec son père au chevet de la malade. Le faible, le mou, l'indécis, le navigateur raté retourne à Paris accompagné de sa nouvelle et terrifiante obsession. Comment s'est-elle insinuée dans son esprit ? Que signifiait-elle concrètement au moment où elle a commencé à s'y dessiner ? Cette idée d'attaquer un changeur, de voler l'argent destiné à l'achat du voilier a-t-elle été suggérée par le métier de son ami Croquignole, employé chez un agent de change ? Il s'est ouvert de ce projet à Criquet, comme ça, comme on tire en l'air une vraie balle. Criquet a approuvé, sans y croire tout à fait, mais en donnant l'impression d'y adhérer totalement ! À aucun moment il n'a cherché à dissuader Jacques de cette folie. Croquignole, mis aussi au courant, l'encourage. Cette maudite pensée va et vient dans l'esprit de Jacques, un rien la chasse, un rien la rappelle.

Pour l'heure, Jacques est loin de ses fantasmes de voyage en voilier et de cambriolage. Sa mère souffrante accapare toutes ses pensées. Pourquoi faut-il que, dans une chambre voisine de celle de sa mère, le hasard ait alité Criquet, le complice des idées folles, victime d'un accident de la circulation ? Cette coïncidence est extraordinaire. Elle replonge Jacques dans ses pensées absurdes ; au chevet de Criquet, il lui reparle de ses projets. Et Criquet l'approuve.

Il laisse ses deux malades en compagnie l'un de l'autre et s'éloigne de l'hôpital. Sa tête bourdonne de ses désirs insensés. Soudain, il sait qu'il va mettre son plan à exécution. Mais quel plan ? Pendant six jours, six nuits, du 11 février au 17 février, il ne réfléchit plus qu'à la manière de se procurer l'argent pour acheter son bateau. Il tâtonne dans l'élaboration d'une stratégie désordonnée.

L'idée lui revient que son père possède, cachée quelque part au fond d'une chaussette, une arme, un 7,65. Le 16 février, à l'insu du vieux Fesch, il retire la Simca sport du garage où elle a été mise en dépôt pour être vendue et se rend à Dampierre. Sans se faire remarquer par le gardien, Henri Piron, retraité de la S.N.C.F., il pénètre dans la maison et s'empare du pistolet 7,65 de marque allemande. Pour donner le change, il le remplace dans son étui par une pince coupante. Puis il rentre à Paris, l'arme dans la poche. Que va-t-il faire maintenant qu'il tient entre ses mains le moyen de tuer ?

Une arme

Il a, comme on sait, deux amis, surnommés Criquet et Croquignole.

L'ami remplace toujours quelqu'un, quelque chose, une absence. Ces deux-là retracent deux périodes de la vie de Jacques : l'enfance et le service militaire.

Criquet est l'ami des premières années ; il a fréquenté le même club d'équitation, le même patronage, les mêmes goûters chics, le même monde d'enfants gâtés. Le père de Criquet est architecte, ancien résistant et ancien déporté, tout ce qu'il convient d'ancien pour être éminemment fréquentable. À son goût, Georges Fesch frayait un peu trop avec les Allemands, mais il ne s'opposa jamais à l'amitié des deux garçons.

Maintenant, Criquet est marié ; il a convolé à l'âge de dix-huit ans, ce qui n'empêche pas son ménage de tenir bon. Il est père de quatre enfants et travaille dans une société de travaux publics où il assume des responsabilités un peu lourdes pour lui, auxquelles néanmoins il fait face honnêtement. Mais il a un gros défaut : il est blagueur, exagérément blagueur ; ce trait de caractère aura, dans notre histoire, son importance, car aucun détail n'est anodin dans l'élaboration d'une tragédie.

Croquignole est un camarade de régiment. Il exerce le métier de commis en bourse. Un brave type sans histoire, d'origine modeste ; le simple fait d'avoir pour ami un fils de banquier qui fanfaronne en Simca sport représente presque pour lui une promotion sociale. Hors de question de risquer de perdre une relation aussi valorisante ! Voilà donc les comparses qui récupèrent le naufragé à son retour de Dampierre le 10 février ; de braves jeunes gens, qui rient de bon cœur à la moindre occasion. La vie est belle pour ces insouciants de l'année 1954. Le trio ignore, ou feint d'ignorer, que cet hiver tue les pauvres, que la guerre d'Indochine fait rage, que l'Algérie gronde. Jacques, lui, ressasse sa monomanie. Il ne parle que de « son » bateau, au point de lasser son entourage. On l'écoute… On l'écoute encore… On l'écoute toujours… quelle rengaine ! Il ne cesse de discourir sur la navigation océanique, rugissante, alors qu'il aurait été incapable de ramer sur la Seine ; personne ne peut croire à cette chimère. Mais on continue à l'écouter…

Il propose à Croquignole de l'emmener, en juin, aux régates d'Islande, puis de faire le tour du monde en quatre-vingts rêves. Croquignole ne secoue pas son ami, il l'abandonne à ses délires, sans jamais tenter de chasser ces lunes en plein midi.

S'il est vrai, comme le soutiennent les criminologues, que la personnalité règle la fonction morale, le délabrement psychique de Jacques Fesch rend possible le pire. Mais de quoi serait donc capable ce mou nonchalant, ce *looser* ? Rongé par le besoin impérieux d'acquérir un bateau à n'importe quel prix, il est en même temps fasciné de s'être découvert un but à atteindre, lui dont la vie n'a été jusqu'à présent que du vide ; s'il lui est venu l'idée de voler pour pouvoir acheter « son » bateau, ce n'est pas que le moyen lui plaise, mais c'est que la fin le justifie. Le basculement dans la criminalité découle naturellement de cette façon de voir. Mais il a peur de passer à l'acte, malgré l'approbation docile de ses amis. Un rien peut l'arrêter sur le chemin où le pousse sa honte d'échouer.

Il n'ose agir seul, il cherche, non pas des complices, mais des soutiens, une assistance psychologique, un encouragement au mal qu'il tremble de commettre. En même temps, sa peur l'humilie et l'incite par réaction à franchir le pas.

Trouvera-t-il l'homme à qui parler, un clochard, un curé, un ivrogne, un athée philosophe, un philosophe croyant, n'importe qui ? Quelqu'un qui le secoue et mette un terme à son délire ? Hélas ! Pour tout directeur de conscience il n'a que Croquignole, le banal camarade de régiment, et Criquet, l'ami d'enfance. Tous deux jouent son jeu, abondent dans le sens insensé de sa résolution criminelle.

À la première rencontre dans un bar, alors que Croquignole n'a même pas encore porté à ses lèvres le bock de bière, il lui annonce qu'il faut assommer un changeur pour se procurer l'argent ! Comment son ami va-t-il réagir ? Va-t-il se lever et partir en criant : « Au fou ! », se rasseoir et parlementer raisonnablement, refuser ?

Rien de tout cela. Il hésite et bredouille cette phrase inimaginable : « Oui, mais pas trop fort ! »

Jacques lui donne alors des précisions sur le mauvais coup qu'il a en tête : il veut agresser un changeur de la rue Vivienne pour se procurer l'argent nécessaire à l'achat du bateau. Là-dessus, il s'en va, laissant Croquignole à sa stupeur. Il cherche Criquet, l'ami naïf, le blagueur, afin de tester auprès de lui son idée criminelle. D'abord, il raconte qu'il a commandé un voilier pour aller à Tahiti et découvrir enfin la paix du Pacifique. Criquet, perplexe, se demande comment ce marin du bitume et des gaz d'échappement pourra diriger un voilier de douze mètres à travers les folies de l'océan. Son étonnement grandit encore quand il entend son ami lui révéler cette effrayante histoire : avec un copain, il a attaqué un changeur et ils ont réussi à le dépouiller après l'avoir ligoté ! Criquet n'en croit pas ses oreilles de plaisantin, mais la blague paraît bonne et il éclate de rire. « Et alors ? répond Fesch, un rien amusé. Ç'aurait pu être vrai. »

Qu'est-ce qui est vrai à ce moment-là, où tout est en suspension dans le destin, où rien n'est encore joué, où un jeune homme, trop jeune dans sa tête pour être l'homme de son âge, tâtonne à l'entrée d'une voie criminelle ? Il est à la croisée des chemins, bien que ceux-ci aient plutôt l'air de culs-de-sac. Jacques sent bien que ses amis ne le prennent pas au sérieux, qu'ils ne le croient pas capable de voler, l'arme au poing, de quoi s'offrir son rêve. Il souffre de leur incrédulité qui lui renvoie en pleine face les humiliations paternelles : « bon à rien », « raté », « incapable », « médiocre »... Odieuse fanfare ! Où aller ? Dans quelle vitrine jeter son pavé, sur qui cracher sa colère, dans quelle gueule lancer le poing de ses exaspérations ? Il n'aurait évidemment à s'en prendre qu'à lui-même, sale gosse gâté, mais lui-même, c'est la masse des autres, le père persécuteur, la mère molle et nourricière, l'épouse victime, les ratages aux multiples visages, l'éducation cynique, le mépris inculqué. Finalement, confiera-t-il, il ne fera que mettre en pratique ce qui demeure en lui à l'état latent, parce que l'occasion s'en présentera.

Il prend sa décision – il faut « passer aux actes » (LÉ) – comme on se jetterait dans le vide. Reste la question de la stratégie à adopter. Il n'a jamais volé quoi que ce soit, même pas en songe. Mais il sait maintenant qui sera sa victime. Le choix lui paraît évident. D'une évidence qui recèle pourtant son mystère.

Une proie cache l'autre

Après tout, ce n'est qu'un vol, commis dans un monde de voleurs. La victime appartient à ce monde maudit des gens d'argent, c'est un manipulateur de pièces d'or, un changeur, bien connu de son père. Et puis rien n'a d'importance, un vol pas plus qu'autre chose. Ses deux amis ont accepté d'être complices de l'agression, bien qu'ils perçoivent une incertitude chez le chef.

Alexandre Silberstein tient boutique au Comptoir de change et de numismatique, au 39 de la rue Vivienne, la rue même où vécut Isidore Ducasse, comte de Lautréamont... Ce quartier, Jacques le connaît bien pour y avoir travaillé à la demande de son père. Il se dit que si les choses se passent mal, ce dernier sera bien obligé d'arranger le coup, réputation oblige...

Alexandre Silberstein manipule tranquillement ses pièces d'or. Sa vieille boutique fantomatique ne paye pas de mine ; écrasée par les locaux des assurances La Réunion française, elle tient dans un espace étroit et pouilleux où circulent des fortunes discrètes. Jacques y a vendu un jour une pièce de vingt dollars et il se souvient des lieux. Le vieux banquier ne remarque pas le grand jeune homme dégingandé qui, ce 19 février, tourne autour de sa boutique lombarde et interroge le concierge sur les heures d'ouverture. Jacques repère les lieux, il a observé une sorte d'arrière-boutique, bien pratique pour enfermer le changeur après l'avoir ligoté. Croquignole l'accompagne ; il passe, lui aussi, inaperçu.

Une journée s'écoule, pendant laquelle Jacques hésite encore. Il se demande quel obstacle il pourrait rencontrer. C'est le soir, encore une journée passée au Cyrano, il a beaucoup fumé, le brouhaha du bar lui donne la migraine, les anonymes attablés un verre à la main parlent fort, ils remplissent pour ne rien dire un temps inutile.

Cette image le conforte dans l'idée qu'il n'a plus rien à faire dans cette médiocrité. Au-dehors, l'air froid de février et la tristesse de cette nuit grise prolongent physiquement sa solitude infinie et imaginaire. Il aurait pu frapper à la porte de Pierrette, au cœur de Véronique. Tout en marchant vers l'appartement de Saint-Germain-en-Laye, où il vit en l'absence de sa mère, toujours hospitalisée, le col de l'imperméable relevé à la Bogart, il se dit qu'il est affamé de tendresse, mais que personne ne l'aime. Le grand dadais a envie de pleurer. Alors, un pas après l'autre, il se persuade qu'en franchissant les écueils de la pleine mer, il trouverait ce mode d'emploi de l'homme par l'homme, une morale, une manière d'être maître de sa vie. Commettre le mal pour s'en libérer. Dans les jours qui suivent, silencieux pendant des heures, il reprend son visage d'adolescent sauvage qui prépare sa vengeance. Il revoit sa jeune femme sans la voir. Devant son Jacques plus fermé que jamais, Pierrette a bien de mauvais pressentiments, mais elle ne peut rien faire. Cette impuissance des uns et des autres laisse perplexe. Bien sûr, Pierrette ne peut pas deviner que Jacques a projeté de cambrioler un changeur, mais son immobilisme devant l'intuition de la tragédie montre à quel point on a du mal à se figurer que le pire peut réellement se produire.

Le 19 février, un vendredi, Jacques, selon son habitude, se lève tard ; il se rend chez Criquet qui, malgré son enthousiasme contagieux, renonce soudain, pour de vagues raisons, à l'accompagner. Il déserte. Jacques ne se décourage pas pour autant. Impeccablement habillé en parfait fils de banquier, il se rend à Paris, au café de la place de la Bourse, où Croquignole l'attend. Tapis dans un coin, sombres comme des conspirateurs, ils parlent de l'agression ; Jacques est armé de son revolver. Croquignole ne comprend pas que Criquet les ait lâchés. Ils se rendent en frissonnant rue Vivienne, chez Silberstein, mutuellement réconfortés par la présence de l'autre. Ils s'accordent sur un fait : il faudra assommer le changeur avec la crosse du revolver ! Ils ont l'impression d'avoir accompli un exploit ; s'être approchés du lieu de leur futur crime les a vidés, épuisés ! La défection de Criquet est ressentie comme une sorte de trahison, un mauvais présage.

Ce soir-là, Jacques, toujours paumé, dort chez Croquignole. Avant de se coucher, ils discutent des modifications à apporter au plan d'agression, se redisent, sans émotion, qu'il faudra assommer le vieux avec la crosse du revolver. Le lendemain, samedi 20 février, ils retournent à la boutique du changeur, un peu par crânerie, un peu par jeu, et en même temps pour faire peut-être le mauvais coup… On croise moins de monde dans le quartier en cette fin de semaine, et ils ont l'impression qu'on ne voit qu'eux. Ils passent devant l'échoppe sans oser y entrer... Timides, nos malfaiteurs ! Elle se dresse comme un défi, cette porte de petit commerce, obstacle ridicule qu'ils n'osent pas franchir... Demi-tour, les lâches ! Pour se remettre de leurs émotions, ils boivent un coup dans un bar à côté, derrière les assurances ; c'est incroyable comme la halte dans un bar peut redonner du courage... Revigorés, ils retournent devant la boutique, et encore un passage poltron, pour rien, pour passer ! Les mains dans les poches, embarrassés d'eux-mêmes, ils marchent le long du trottoir planté de hauts réverbères ; ils passent furtivement devant les assurances La Réunion française, la boutique du changeur, un salon de coiffure, puis, à toutes jambes, s'enfuient vers une nuit agitée de peurs rétrospectives. Quelle trouille !

Leur couardise est une nouvelle flétrissure pour Jacques. Et cette boutique qui se dresse comme une provocation !

Il tourne en rond, dans un tout petit rond, un rond de vie médiocre. Il continue à penser à cette porte qu'il n'ose pousser et derrière laquelle l'attendent ses rêves d'évasion. Le téléphone sonne, l'arrachant à sa rêverie : c'est Pierrette, elle est à la rue... Ses parents l'ont chassée, sans doute exaspérés par sa relation biscornue avec Jacques. Profitant de l'hospitalisation de sa mère, il l'héberge avec Véronique dans l'appartement de Saint-Germain. L'air de rien, il se sent moins seul. Une autre chose l'occupe : son tourne-disque et sa trompette, qu'il a laissés à Dampierre et qu'il désire récupérer ; soudain, il a envie de musique, de toutes les musiques. Il veut sa trompette dans laquelle, maître du vent, il s'époumone. Il lui arrive d'en jouer trois heures par jour dans l'espoir de devenir trompettiste de jazz dans un cabaret. Sa seule ambition, dit-il.

Un aller-retour à Dampierre, et pick-up et trompette rejoignent le domicile maternel. Le voilà un peu moins triste avec Véronique et le jazz.

Il joue à merveille de la trompette. Il aime interpréter *Petite Fleur*, une cueillette dans le vent des sons. Il pose sa trompette et, l'air inspiré, il parle à Pierrette de son bateau et de ses voyages ; Pierrette, patiente, écoute toute la nuit son mari lui chanter son envie de partir loin d'elle... Là encore, il trompe son inquiétude. Il parle pour parler, pour combler le vide désespérant de ses angoisses. La décision est arrêtée, le saut dans la brutalité, c'est pour demain !

La nuit sera longue, une nuit comme un train fantôme, hantée par la peur, l'appréhension : demain, mercredi 24 février, dans quelques heures, au bout d'une cigarette encore et encore, il a rendez-vous à 18 heures avec Croquignole pour le grand coup. Au matin, mal réveillé parce qu'ayant mal dormi, il se prépare, torero tremblant avant d'entrer dans l'arène, pour rejoindre son complice. Jacques s'est armé, il est rassuré d'être armé ; ce revolver – il s'y est maintenant habitué – lui procure assurance et virilité. L'arme du père.

La journée n'en finit pas… Jacques traîne dans Saint-Germain, de bar en bar. Jusqu'à l'heure, enfin, d'y aller.

Le trajet, en revanche, lui paraît extraordinairement court. Trop rapidement il arrive au Paris-Swing. Recroquevillé dans la pénombre du bar, Croquignole l'attend. Une musique d'ambiance diffuse ses accords sirupeux et les habitués, toujours les mêmes, boivent et fument inutilement.

Il est 18 heures, l'heure de se rendre chez le changeur. Jacques mâchonne sa cigarette américaine comme un vrai bandit de Chicago... Croquignole, rendu quasi épileptique par la trouille, tremble des pieds à la tête.

Ils marchent lentement vers la rue Vivienne ; ils ne se parlent pas ; Jacques est en tête, avant-garde frileuse. Croquignole suit. Une fois devant la boutique, Croquignole marque un arrêt brutal, hésite, puis se dérobe, proposant de faire le guet sous la voûte. La peur de son ami réfrène Jacques un instant, avant qu'il ne retrouve la détermination d'entrer. Il ne peut plus tergiverser : Croquignole est là, spectateur de sa lâcheté éventuelle. Alors il ouvre la porte, qui émet une sonnerie exténuée. Silberstein, avec son allure d'avare cacochyme, n'est pas du tout impressionnant.

Jacques qui connaît bien, et pour cause, les gens d'argent se montre parfait dans le rôle. Il commande sur le ton appris du père des pièces d'or pour une valeur de deux millions deux cent mille francs. Le changeur lui propose avec d'humbles politesses de revenir vers 17 h 30 le lendemain pour prendre livraison. Au fond de lui, Jacques est content de jouer un mauvais tour à la confrérie des marchands d'argent, dont son père est le représentant honni.

À l'intérieur, Jacques observe les lieux. Soudain très à l'aise, il redevient le fils de banquier et remercie l'employé de sa diligence. Il quitte la boutique comme s'il sortait d'un grand hôtel. Croquignole, guetteur bleu de peur, attend.

— Ne t'en fais pas, on revient demain à 17 heures. Nous irons dimanche à La Rochelle acheter le bateau.

Croquignole cherche un moyen de se tirer de cette affaire qu'il a quand même contribué à mettre en place. Il ne pense qu'à se sauver, sans chercher à détourner Jacques de son projet désormais inéluctable.

— À 17 heures, je ne pourrai pas venir, je travaille.

— Tant pis ! Criquet m'accompagnera, répond Jacques...

Sur ce bref échange, les comparses se séparent. Les choses du mal sont réelles maintenant. Jacques a vu le changeur, il a vu son visage humain, entendu sa voix, croisé son regard de brave homme travailleur ; après cette rencontre, persévérera-t-il dans son dessein criminel ? S'il continue, il devra accepter d'exercer des violences sur ce vieux monsieur insignifiant pour le voler.

25 février

Il est encore sous l'effet de l'énervement causé par l'épreuve de la porte. La fuite de Croquignole ne l'affecte pas : au contraire, il y voit la preuve qu'il est bien plus courageux que lui ! Et puis, il n'a pas l'intention de tuer le vieux, un petit coup sur la tête, et le tour est joué au prix d'une migraine bénigne. Cette bosse, c'est sa chance !

Il se trouve toutes les raisons d'agir ainsi ; il se justifie en faisant le procès des usuriers, banquiers, grigous et grippe-sous ; ils ne méritent aucune indulgence. Ce soliloque le rassérène, le confirme dans le bien-fondé de son acte. Seulement, il doit aller vite. Qui sait ? dans quelques jours peut-être, il n'aura plus le même courage.

Il a décidé, afin de brusquer les choses, de commettre l'agression le lendemain, jeudi 25 février, jour où les enfants ne vont pas à l'école. Il compte sur la complicité de Criquet pour l'escorter, puisque Croquignole déclare forfait.

Il ne se sent pas le cran d'y aller tout seul.

La nuit est difficile, pleine de Silberstein, d'or, de sang, de peur.

À 9 h 30, il somnole, épuisé par ses cauchemars, tout en écoutant des disques, quand on sonne à sa porte. Criquet ! S'il avait pu ne pas venir, celui-là… Jacques se lève, s'habille, tandis que Criquet prépare le café dans la cuisine ; il aperçoit sur le buffet l'arme, s'en saisit, la regarde comme un serpent, canon dressé vers lui. Jacques lui arrache l'arme des mains en le traitant de con, elle est chargée, une balle dans le canon.

Jacques a mis le revolver en vue pour tester la réaction de Criquet : approbation ou désapprobation ? Criquet est également tombé sur la carte de visite publicitaire de Silberstein qui traînait sur le buffet ; il a donc tout loisir de faire connaissance avec le changeur de la rue Vivienne. Les présentations sont faites, et bien faites ! Criquet ne dit mot… Le train du drame passe souvent à côté de nous sans que nous y apportions la moindre correction d'aiguillage ; ainsi les vies des uns et des autres se regardent avec des yeux d'aveugle. Tendre la main vers l'homme en difficulté pour le détourner du mal possible requiert une puissance de barrage hydraulique. Jacques pouvait donc continuer son chemin de petit voleur… à condition qu'on lui tienne la main. Car Jacques ne veut, ne peut agir seul.

Cette main, va-t-il la trouver ? Croquignole s'enfuit, Criquet restera-t-il ?

Ils se donnent rendez-vous à 14 h 30.

Entre-temps, Jacques, certain du soutien de son ami, déniche son vieux cartable de cuir jaune, comme un écolier enfin studieux qui prépare la rentrée, y range ses outils : un marteau, du fil électrique, l'arme. Le marteau pour assommer, le fil pour ligoter, le revolver… pour quoi faire ?

Le revolver, le marteau, les liens, un attirail de tortionnaire ?

À l'heure dite, Jacques retrouve Criquet. Ils vont boire, puis boire encore et partir pour Paris, où deux filles impatientes les attendent (selon Jacques) au café de la Bourse, à côté de la rue Vivienne.

Criquet aurait bien sauté en marche, s'il avait pu… Quelque chose cependant l'en empêche, un je-ne-sais-quoi d'amitié aventureuse, de laisser-aller, de goût pour l'incartade. En réalité, Criquet ne sait pas jusqu'où vont aller les choses… Jacques lui a montré le revolver, la carte de Silberstein, il a exposé ses projets, ses rêves, il lui a parlé d'une agression… Ils ne se sont pas parlé franchement, mais c'est tout comme, Criquet n'est pas dupe.

Au café de la Bourse, les deux jeunes filles ne sont plus là, à supposer qu'elles y soient jamais venues. Assis au comptoir, ils consomment chacun une bière.

Jacques se lève, regarde Criquet et, sur un ton désabusé, lâche : « Viens, on va chez le changeur. »

Invisible frontière

Jacques serre contre lui une vieille serviette de cuir jaune, comme s'il craignait qu'elle ne s'envole.

Il marche d'un pas rapide et raide, mécanique ; Criquet, qui a décidé de le suivre, s'essouffle. Il a décidé, façon de parler ; en réalité, il s'est laissé faire, comme d'habitude. Il suit. Il sait que Jacques va chez le changeur.

Jacques regarde l'heure, il est 17 h 30.

La journée tire à sa fin, on sent déjà le mouvement des gens pressés de rentrer chez eux qui se bousculent dans la brumeuse obscurité de février. Les deux amis ne se parlent pas, ils marchent. Une affiche de cinéma attire un instant le regard de Criquet : on joue *Avant le déluge*, le dernier film d'un ancien avocat, André Cayatte ; ce film raconte l'histoire de quatre jeunes qui ont tué un vigile lors d'un cambriolage qu'ils avaient commis pour se payer un bateau, afin de fuir le Vieux Monde en guerre… Signe, tout est signe ; des signes pour aveugles.

Jacques ralentit le pas, comme s'il hésitait à avancer, puis, serrant davantage sa serviette d'un geste nerveux, il repart. Criquet se demande quelle fortune il peut bien cacher dans cette sacoche jaunie ! À travers le cuir, Jacques palpe les contours de ses « outils », il frémit d'angoisse à leur contact… Il sent la forme du pistolet paternel bloqué par le cran d'arrêt, la masse lourde du marteau, l'ondulation des fils électriques… Chaque ustensile le renvoie à une violence possible, le pistolet pour tenir en respect, le marteau pour assommer, le fil pour ligoter. Il espère bien ne pas avoir à s'en servir, mais les savoir à portée de sa main le rassure.

Ils sont maintenant devant la boutique. Alentour la rue semble calme, apaisée même ; il y a moins de mouvement. Sur le pas de la porte, Jacques marque un temps d'arrêt, puis se reprend et, très droit, entre, suivi de Criquet. La porte grince, un vieux grincement, familier au changeur qui lève tout de suite sa tête de comptable ; derrière ses grosses lunettes rondes et noires, il a l'air d'un hibou réveillé. Il dévisage lentement les deux clients. À ses côtés, son fils apprend le métier ; il salue poliment, comme son père le lui a appris. Les bonnes manières font les bonnes affaires. Jacques s'avance vers le comptoir, il pose sur le plancher la serviette de cuir jaune et regarde le banquier ; il crâne. Au fond, il tremble de peur, il a envie de fuir. Ce vieil homme méticuleux ressemble trop à son père dans ses manières pour qu'il ne se sente pas défié. Derrière son comptoir en « L » haut d'environ un mètre, il paraît inaccessible. Jacques prononce quelques mots inaudibles… Une espèce d'embarras inquiétant s'installe brutalement… Un gros coffre-fort trône au fond.

Jacques se plante face au comptoir, Criquet se faufile tout près de la porte d'entrée. Jacques confirme d'une voix plus assurée sa commande.

Le financier ne se doute pas du danger qui pèse sur lui ; mais, vieux renard dans le poulailler aux œufs d'or de la finance, il a pris quelques précautions élémentaires dans l'exercice périlleux de son métier qui attire depuis toujours les voleurs. Première prudence, il a fait venir son fils Claude, vingt-deux ans, qui, tout grand dadais hirsute qu'il soit, n'en est pas moins impressionnant ; deuxième prudence, l'or dans sa totalité n'est pas encore arrivé et il faut un peu patienter. Ce contre-temps énerve Jacques, qui ne supporte plus d'attendre l'issue de cette épreuve insupportable. Criquet lui chuchote : « Je croyais que c'était prêt... »

Silberstein, avec les manières à la fois cauteleuses et obséquieuses du bon commerçant, gagne du temps en s'excusant platement.

Les pièces d'or vont arriver, il faut patienter... Le changeur téléphone à la banque Brissac pour connaître le cours exact de l'or.

Jacques ressent cette attente comme un provocation. Immobile, tendu, il ne sait s'il va surmonter cet obstacle de dernière minute ; il a envie de laisser tomber. Mais l'idée d'un nouvel échec lui est inacceptable. Elle fait resurgir, du fond des mortifications secrètes, son image d'éternel *looser*, de roi du ratage que si souvent son père lui a brandie sous les yeux. Ce changeur qui semble ne pas le prendre très au sérieux l'offense dans toute son histoire personnelle. Silberstein perçoit une inquiétude, rien de précis, une sorte de méfiance diffuse, mais il est loin d'imaginer le combat que des forces inconscientes se livrent dans la tête de ce jeune homme de bonne famille.

Cette doublure paternelle concentre tous les dégoûts de Jacques : l'argent, le comptoir, les comptes, l'escompte, une vie étroite rythmée par le cours de la Bourse, la Bourse, mais pas la vie.

Pendant que la tempête fait rage sous son crâne, le changeur, un crayon à la mine bien taillée entre les doigts, fait ses comptes ; de son côté Criquet, pour se donner une contenance, saisit une fiche et fait semblant de calculer pour tromper son angoisse.

Un déclic froisse le silence, personne n'y prête attention : Jacques vient d'ouvrir la serviette jaune.

D'une main, lentement et à tâtons, sans bouger le haut du corps, Jacques se saisit du marteau caché au fond de la serviette.

Criquet demeuré à côté de lui voit l'arme se lever.

À ce moment, le fils du changeur vient de s'absenter pour aller aux nouvelles…

Plus personne ne parle dans la boutique. Jacques se tient droit devant le comptoir, la serviette jaune à ses pieds ; Criquet s'énerve de plus en plus. Silberstein, la tête penchée sur un gros livre noir, gribouille ses écritures sous le nez de Jacques.

Le silence est parfait, presque reposant, comme dans une salle d'étude ; Silberstein, avec son costume noir lustré, ses épaisses lunettes cerclées de noir et son crayon, semble un vieux maître d'internat. Jacques assène alors un léger coup de marteau sur la cuisse de Criquet pour attirer son attention. Il n'en croit pas ses yeux : la main de son ami qui serre cet horrible marteau, c'est un film d'horreur dans lequel on l'a forcé d'entrer. D'un geste, il enjoint à Jacques de ranger le marteau, tout en essayant de ne pas attirer l'attention du banquier. Jacques resserre ses doigts sur le manche, puis, hésitant, le range dans la serviette jaune qu'il pose sur le comptoir. Il sourit à son ami.

À ce moment, le vieux manieur d'argent invite Jacques à lui remettre les fonds. Jacques pâlit, tremble, son visage se crispe dans une affreuse grimace. Criquet est désemparé… Soudain la réalité, la peur et l'incertitude lui sautent à la gorge, il ouvre la porte et s'enfuit de toute la force de ses jambes tremblantes vers le carrefour Richelieu-Drouot ; là, l'agent Guilherme règle, sifflet sifflant, la circulation.

Criquet bredouille que son meilleur ami est en train de faire une bêtise, qu'il a un marteau, une arme à feu. Il supplie le policier d'intervenir pour empêcher un drame… Le gardien, bien qu'étonné, accepte de le suivre. Hélas ! ils arriveront trop tard.

Pendant ce temps, Jacques est seul avec le vieux. L'agent de change lève la tête et se trouve en face d'un homme défiguré par la peur ; Jacques balbutie pour expliquer le départ de son ami : « Il est toujours pressé. »

Le vieil homme ne s'étonne pas et, calmement, réclame une nouvelle fois le versement de l'argent… Jacques prend son arme dans la serviette de cuir jaune usé, braque et s'écrie : « Vite, ton argent ou je tire ! »

Silberstein en a vu d'autres dans sa vie. Il ne montre aucun affolement.

Jacques lui porte alors un violent coup de crosse et le blesse. Malgré le traumatisme, il s'efforce encore de calmer son agresseur, comme s'il avait été un fils perdu, en le traitant de fou qui gâche sa vie. Doucement, gentiment, il parle de ses malheurs, de la déportation, comme s'il voulait faire comprendre qu'il ne faut pas en rajouter à sa misère. Jacques n'entend rien. Ce donneur de leçons qu'il n'a même pas réussi à effrayer et qui se lamente sur son passé l'exaspère encore plus. C'est comme s'il se prenait pour son père. Il s'empare alors des billets qui s'entassent froissés dans le tiroir caisse et les jette dans sa serviette jaune. Il ignore qu'il y a là trois cent trente mille francs. Il ne sait même pas ce qu'il vole...

Sait-il pourquoi il assène, comme un coup de hache, un autre coup de crosse sur la tête du vieux ? Si violent que l'arme lui échappe des mains, tombe de l'autre côté du comptoir, ce qui l'oblige à sauter par-dessus pour la récupérer. Le vieux saigne, cette fois il est apeuré, recroquevillé dans le fond de la boutique, blotti près du coffre... Silberstein est émouvant avec ses cheveux blancs, rougis et collés par le sang, et son air vaincu, défait. C'est maintenant une loque de peur qui s'attend à mourir près de son or enfermé. Cette violence est inutile, elle ne sert aucun plan criminel, Jacques ne sait pas quelle somme d'argent Silberstein cache dans son tiroir ; l'or n'est même pas arrivé ! Les deux millions convoités, où sont-ils ? Toute cette horreur pour rien, aucun rêve au bout des coups, mais le cauchemar de la méchanceté gratuite. Encore un ratage ! Il ne peut plus vivre avec l'idée de cette agression, il vomit des coups. De nouveau, il frappe Silberstein à coups de crosse. Sur quoi s'acharne-t-il ? Un coup de feu part accidentellement, blessant Jacques à l'auriculaire droit et faisant éclater la vitre de la porte d'entrée du magasin. Un passant reçoit des éclats de verre, un sieur Labarre, qui ne comprend pas ce qui arrive. Malgré la détonation, la violence, le sang, Jacques sort calmement du magasin, comme si de rien n'était, automate dans sa propre peur. Il est maintenant sur le trottoir jonché d'éclats de verre que son pas fait crisser. Le passant éclaboussé de débris de verre, un gros individu, lui hurle à l'oreille : « Qu'est-ce que c'est ? Qu'est-ce qui se passe ? » L'homme est sourd, mais il a quand même perçu une déflagration… Il n'est pire sourd que celui qui entend, et il veut absolument savoir d'où vient ce bruit qui a réussi à toucher son ouïe défaillante. Il ne lâche plus Jacques. Il demande s'il ne s'agit pas de coups de revolver. Jacques répond, anesthésié par l'énormité de l'événement, que ce n'est rien… Il traverse à ce moment-là une phase d'apesanteur morbide, sa main saigne, il cherche à la dissimuler, craignant que le sourd ait bonne vue ; du mieux qu'il peut et malgré son émotion vive, il rassure le brave homme, qui paraît satisfait. Il s'éloigne de quelques pas, presque sauvé, il respire l'air glacial de février ; il marche nonchalamment, mais tout raide à l'intérieur… Il avance comme un robot, sans regarder ni devant ni derrière, étranger à la scène terrible qu'il vient de vivre.

En réalité, Jacques est bouleversé, terrifié. Jamais il n'aurait pu imaginer que les choses se passeraient aussi mal. Il est bien le raté dont parle son père ! Il a l'impression odieuse qu'un autre a agi à sa place, qu'il a été manœuvré de l'intérieur.

Soudain, juste derrière lui, il entend un hurlement, un cri de souffrance qui lui tombe dessus comme un filet. Silberstein, couvert de sang, vient de jaillir de sa boutique et, avant de s'écrouler, il rugit : « Au secours ! À l'assassin ! »

La traque

Monsieur Labarre, le témoin mal-entendant, assiste à la sortie de Silberstein. Il comprend enfin ce qui vient de se passer, s'agite, braille et ameute d'une voix énorme tout le quartier. Comme Jacques vient de détaler sous l'effet des cris, Labarre s'élance à sa poursuite en hurlant : « À l'assassin ! »

C'est l'heure dense de la sortie des bureaux ; une foule d'employés se bouscule sur les trottoirs et Jacques doit traverser cette forêt humaine hostile. La meute des citadins, alertée par les cris, se passionne pour la traque du fuyard.

Jacques court en direction de la rue Favart, il est le gibier de potence sur lequel se ruent toujours les honnêtes gens en mal d'exercice. Il se demande ce qu'il a fait. Il court, à bout de souffle, mais, possédé par le démon de la fuite, il franchit les obstacles. Il passe devant sa voiture sans même avoir l'idée de la prendre pour s'échapper. De toute façon, il n'aurait pas pu aller bien loin : il n'a même pas songé à maquiller les plaques minéralogiques... Quel amateurisme !

La foule est très dense devant lui. Il cherche à s'y fondre en courant comme un malade avec ses grandes jambes de danseur et son imperméable clair qui capte toute la lumière des réverbères. Sur son passage les gens, sans savoir, crient : « Assassin ! », reprenant la balle au son des autres cris. Il ne sait plus qui le poursuit, il a l'impression que des centaines d'anonymes veulent l'attraper, qu'il est devenu leur but de chasse. Derrière lui, il entend une rumeur, des vociférations, des bruits de course, une traînée de hargne. Il court sans se retourner, poussé en avant par cette fureur qui grogne à ses trousses.

Arrivé à la rue d'Amboise, comme il ressent une douleur aiguë aux côtés, il s'arrête quelques secondes pour reprendre son souffle, puis repart de plus belle. Deux passants qui flânaient au coin de la rue d'Amboise et de Richelieu, alertés par les cris, foncent vers lui. Il tourne à droite dans la rue Favart, puis encore à droite dans la rue de Richelieu.

Cette rue est bourrée de monde ; il la traverse pour débouler sur le boulevard des Italiens.

La rumeur furieuse semble s'éloigner. Au moment où il va passer devant la boutique d'un imprimeur qui tire son rideau, il est rattrapé par les hurlements des chasseurs excités. L'imprimeur se retourne et voit ce grand gaillard affolé qui fonce sur lui. Comme à l'école, du temps où l'on s'amusait bien, parce que rien n'était encore vrai, il lui fait un croche-pied. Jacques tombe lourdement en lâchant sa serviette de cuir jaune, roule sur le trottoir, se redresse et bondit en avant. Puis il se ravise et fait brusquement demi-tour.

Cette volte-face terrifie le roi du croc-en-jambe, qui s'attend au pire. Jacques charge vers lui, mais s'arrête à quelques mètres pour ramasser la serviette de cuir jaune. Le héros est transi, il a cru sa dernière heure arrivée. Jacques s'élance vers n'importe où. Avec un peu de chance, il peut encore s'en sortir.

Les cris s'éloignent, se rapprochent… s'éloignent… se rapprochent… Avec son imperméable beige, on dirait un fanal qui se déplace, on ne voit que lui !

Il lui semble que les poursuivants commencent à s'essouffler. Leur témérité est surtout dans la voix, le cri public, comme dit la loi. Pour crier, ils crient !

La vie continue… Devant l'Opéra-Comique, un pompier en uniforme fume une cigarette ; il est athlétique. Il voit, de loin, arriver un événement extraordinaire : un fuyard pourchassé par des hurlements.

Comme il aurait cherché à éteindre un incendie, il se lance à la poursuite du fugitif, pour le sport, pour l'exercice. Il ne sait pas pourquoi le fuyard fuit, cela lui importe peu, il veut gagner la course ! À un moment, il manque même d'agripper Jacques qui réussit à se dégager, au prix d'une immense dépense d'énergie.

Si le pompier est essoufflé, Jacques, lui, est vidé, exténué. Derrière lui, la foule exulte de rage. Il est la bête traquée. Il ne sait même plus si c'est lui, ce fou qui cavale, avec tant de braves gens à ses trousses. L'histoire qu'il vit lui échappe, elle n'est plus son histoire, mais une folie en mouvement, une perdition. Le souffle lui manque, la gorge brûle, les côtes piquent comme des aiguilles, et une envie sèche de vomir le secoue vainement. Il demeure enfin immobile, laissant les cris se rapprocher, décidé à se laisser prendre sans réagir. Il en est là de son abandon quand il aperçoit une porte cochère ouverte, grande ouverte comme des bras secourables, au numéro 9 de la rue des Italiens. Il s'y précipite et se retrouve dans une belle cour pavée, bourgeoise et silencieuse. Il s'engouffre dans un escalier de service, dissimulé sur le côté, par où le personnel doit depuis des générations se faufiler. Il monte lentement les marches tortueuses, reprenant un peu ses esprits dans le calme de cet immeuble cossu. Il est arrivé au cinquième étage. Une odeur de cire le rassure comme un repère de vieilles habitudes propres. Bonne odeur familière. Il tend l'oreille au moindre bruit, il n'entend que la rumeur de son angoisse, entourée d'un silence parfait, apaisant. Il s'assied. Ouf ! Il est sauvé ! On ne l'y reprendra plus jamais, jamais, jamais… Comment a-t-il pu en arriver là ? Il ne comprend plus rien… Il n'a, du reste, aucune envie de chercher à déchiffrer le mystère de son comportement. Il veut seulement n'avoir aucun compte à rendre, tourner la page, rentrer dans le rang des fils à papa perdus.

Pendant qu'il reprend des forces dans l'escalier des domestiques, il ignore ce qui se trame à l'extérieur. Il se croit à l'abri…

Des poursuivants qui l'ont vu entrer dans l'immeuble le cherchent dans la cour. Ils alertent le concierge. Pierre Destoc est un vrai concierge, comme chez Simenon, pointilleux et professionnellement rapporteur. Du matin au soir, Destoc surveille sa cour. Il a l'air d'un vautour avec sa grosse tête affublée d'un énorme nez crevassé et bourgeonnant et son petit corps voûté. En compagnie de Labarre, il s'en va hardiment quérir des agents de la circulation qui s'agitent non loin de là, pour leur signaler la présence de l'intrus armé. Labarre, encore sous l'émotion, raconte l'agression de Silberstein.

Les gardiens, Laurent et Vergne, escortent les justiciers jusqu'au repaire. Les deux hommes pressent le pas, mais sans inquiétude. L'agent Vergne a presque fini son service, il est pressé de rentrer chez lui où l'attend sa fillette, orpheline de mère. Veuf à 35 ans, il est seul à s'occuper d'elle.

Vergne reste sur les lieux, l'arme au poing, tandis que Laurent va chercher du renfort au commissariat.

Jacques descend les marches de l'escalier, la main crispée sur la rampe ; il approche enfin de la porte. L'agent Vergne et ses supplétifs bavards font le guet, bloquant la porte cochère. Fait comme un rat, le fugitif ! Où est-il ? Il s'est peut-être déjà échappé ? Quelle malchance ce serait ! Ces adultes se sont pris au jeu : attraper un fuyard, avoir un peu peur, collaborer à la puissance publique, se sentir important… Les gendarmes et les voleurs, comme dans leur enfance… Mais cette fois-ci, c'est « pour de vrai ».

Jacques prend une profonde inspiration et pousse la porte de l'escalier de service ; à peine a-t-il mis un pied dehors qu'il découvre le groupe. Une hésitation, une reculade et il est foutu. Alors, il prend l'air le plus serein et, tremblant intérieurement, les mains dans les poches, comme un locataire qui sort, il s'avance vers la porte cochère, traverse la cour, passe devant ses poursuivants, devant l'agent de police ; extrêmement calme, il entre sous la voûte qui conduit à la porte. Les guetteurs semblent l'ignorer… Il se croit hors d'atteinte quand, au moment ou il s'apprête à ouvrir la porte, quelqu'un crie : « C'est lui ! » Cri terrifiant ! Le policier ordonne : « Haut les mains, ou je tire ! » Il lui tourne le dos, de la main gauche il tient sa serviette jaune, la main droite est dans la poche de l'imperméable, au contact de l'arme. Il fait volte-face. Les choses tourbillonnent dans sa tête comme dans une grande roue, tout se précipite, une peur électrique le parcourt, il est complètement affolé d'être pris au piège.

Il n'arrive pas à y croire. Il a tout raté ! S'il se rend, c'est la honte, et il sombre dans une banale affaire, un fait divers médiocre, quelques années de prison. Il ne réfléchit pas à tous ces calculs de gens calmes. Il est devenu un remous de sentiments, d'émotions, d'affolement. Ce qu'il ressent est incommunicable, la peur de se faire prendre, l'humiliation d'avoir échoué, la rancune contre son père, l'aversion pour lui-même, tout cela bout dans son inconscient. Il a entendu : « Haut les mains, ou je tire ! » Ainsi, on va lui tirer dessus. Mais qu'a-t-il donc fait de si terrible pour qu'on soit prêt à ouvrir le feu sur lui ? Il tremble de peur. Il s'est retourné et ne voit que des formes noires qui, à travers ses yeux de myope sans lunettes, sont difformes. Alors, poussé par une force qu'il nommera plus tard son subconscient, il tire au jugé, à travers la poche de son imperméable, dans le brouillard de son regard de taupe. Vergne s'effondre, atteint en plein cœur. Tué sur le coup. En s'affaissant, il a trouvé la force d'appuyer sur la gâchette de son arme, qui tire plusieurs balles… Ou alors, est-ce le policier qui a tiré le premier ? Jacques n'en sait rien, n'en saura jamais rien. Labarre, consterné, se pose la question. Roboul et Chassang, deux autres témoins, voient Jacques tirer le premier.

N'importe qui aurait pu mourir à la place de ce policier, mais c'est un serviteur de l'ordre qui vient de tomber.

Les coups de pistolet répercutés par la voûte, l'odeur de poudre, l'éclat, le feu ont produit un effet sonore et physique effrayant. L'effondrement d'un homme, la mort ont pétrifié les témoins du drame. Jacques profite de cet effarement pour s'enfuir vers le boulevard des Italiens. Il est sonné, stupéfait d'avoir tiré. Encore la fuite, quel gâchis, détresse, tristesse...

Pense-t-il à l'homme mort, là-bas, qui gît dans la cour carrée d'un immeuble bourgeois avec pour garde d'honneur un concierge, des curieux et la rue muette ? Certainement pas. Il ne songe qu'à fuir, c'est son obsession, sa survie. Il n'a aucune conscience qu'il vient de tuer un homme, même s'il perçoit la gravité d'avoir fait feu. On court après lui depuis trop longtemps pour qu'il n'ait pas le sentiment d'être une bête traquée ; cette hantise abolit tout sens critique. Et de nouveau, plus hargneux qu'avant, avec une rage terrible, des hommes sont à ses trousses ; des chasseurs plus avides que jamais de gibier pénal. Entre lui et les traqueurs, il y a désormais du sang, et du sang de policier. Il court... Sait-il seulement où cette course folle va le conduire ? Sa tête est un tambour artériel, il s'y frappe des coups violents, assommants, qui le rendent incapable de réfléchir. Sa seule issue, c'est le métro. Cette bouche sombre de l'espoir n'est plus qu'à quelques mètres. Mais avant qu'il ait pu l'atteindre, un homme bondit sur lui : c'est un ouvrier typographe de trente et un ans, catcheur et judoka, du nom de Lenoir, qui rêve d'en découdre sur le tatami de la réalité. Rapide, sportif, dangereux, il est sur le point de terrasser Jacques, qui, sentant la menace, se retourne et fait feu. Par chance, le judoka se jette à terre et n'est blessé qu'à la nuque… À un millimètre près, il était mort. On est de plus en plus loin de l'incartade violente d'un petit bourgeois en mal de voyages romanesques, on pénètre dans le crime. Jacques a tiré par deux fois sur des hommes. Hier encore, il se serait cru incapable d'un tel geste. Mais hier, c'était un autre monde. C'était quelques minutes avant le doigt sur la gâchette, avant l'éclair noir qui a fait de lui un meurtrier. Affolé, en perte totale du contrôle de lui-même, il court dans un tunnel noir et profond qui n'en finit pas. Paradoxalement, il vient d'offrir aux témoins apeurés l'image d'un meurtrier déterminé et calme qui ajustait son tir, alors qu'il titubait dans un monde irréel. Profitant de l'émotion causée par l'effondrement de l'homme ensanglanté, Jacques s'échappe et reprend sa fuite en direction du métro Richelieu-Drouot. On crie : « Assassin ! », des passants courent dans tous les sens. D'autres se plaquent contre les murs, des femmes pleurent, c'est la panique. Parvenu devant la bouche du métro, toujours pourchassé, Jacques dévale les escaliers. Georges Plissier et Marcel Riedler le poursuivent.

Les deux sont eux aussi judokas ; le premier est un jeune courtier en publicité, le second un policier à la retraite et enquêteur à la Banque de France. Ils ont donc en commun la pratique d'un sport de combat très à la mode à l'époque. Georges Plissier s'engouffre dans l'entrée du métro à la suite de Jacques, qui se trouve maintenant dans le hall, à la hauteur des cabines téléphoniques. Il se croit sauvé, quand soudain une main énergique s'agrippe à son imperméable. Il se retourne et fait feu sur Plissier, ratant sa cible. Mais le coup de feu stoppe net la détermination du poursuivant. Jacques en profite pour grimper quatre à quatre les marches de l'escalier, au bout duquel il avise une porte vitrée donnant sur la rue. De plus en plus essoufflé, à bout de forces, le corps ankylosé, il tend désespérément vers cette issue de secours, cette porte de verre. Il ignore que, depuis un moment, l'ancien policier, Marcel Riedler, l'a vu se diriger vers la porte et le guette, à l'affût derrière le passage. Jacques, soulagé de voir se rapprocher la fin de ses ennuis, du moins le croit-il, accélère le pas vers ce miroir magique. Riedler est grand, athlétique, il attend avec impatience l'arrivée du fuyard en haut des marches pour lui envoyer un battant de la porte en pleine figure dès qu'il se montrera. Jacques vacille, tombe, assommé, blessé à la tête. Cette victoire décuple l'ardeur du policier retraité, qui se jette sur Jacques en cherchant à le désarmer. Jacques hurle : « Lâchez-moi, ou je vous descends ! » Le policier a du mal à faire lâcher prise au jeune forcené qui n'a pourtant, de toute sa vie oiseuse, jamais soulevé un poids. Si Georges Plissier n'était alors arrivé à la rescousse de Riedler, celui-ci, tout judoka qu'il est, aurait eu le dessous ! D'où vient cette force qui anime soudain cet indolent chronique ?

Tandis qu'il continue à se battre à terre avec le policier retraité, Jacques tire encore deux coups de feu qui emplissent de vacarme les couloirs du métro, les balles allant se perdre dans le mur de céramique blanche. Jacques tente de se défaire de la prise du judoka. L'arme désormais déchargée est abandonnée sur le sol. Georges Plissier la ramasse et assomme le forcené d'un coup de crosse. « La bête sauvage » est enfin maîtrisée.

La foule veut lyncher Jacques. La foule ne sait rien, mais elle suit son instinct de foule. La police, enfin arrivée sur les lieux, menotte le fuyard ; sa main blessée saigne, son front entaillé par le coup de crosse saigne, ses vêtements sont déchirés ; il a l'air d'un anarchiste démodé qui se serait fait exploser sa bombe à la figure. Son regard dur ne regarde plus rien ; il ne voit qu'un immense mur de peur. Autour de lui le rassemblement des « braves gens » le conspue, lui lance crachats et coups de pied. Il est ballotté, cogné par la haine.

À cette heure, il ignore encore la mort du policier Jean-Baptiste Vergne. Il semble, du reste, méconnaître sa propre tragédie. Les choses se sont enchaînées les unes aux autres sans qu'il le veuille vraiment, mais c'est bel et bien lui l'auteur de ce gâchis. Un pas, ce n'est jamais que le même pas qui recommence, mais c'est celui-là qui ruine la vie.

C'est fini. Lui qui voulait voyager, quelle traversée folle il vient d'accomplir dans l'horreur et le sang ! Il est soulagé. Sa mécanique démente vient de s'arrêter d'un coup, laissant place à une indifférence insupportable, jugée comme du cynisme. En réalité, s'il s'en veut d'avoir échoué, il s'en veut encore plus d'avoir été le jouet minable des événements. Il est hors de lui. Alors, pour faire le fier, tandis qu'on le traîne au commissariat de la rue d'Amboise, il prend, malgré son visage en sang, des airs de dandy dédaigneux. Pour la première fois de sa vie, il entre menotté dans un commissariat...

Un commissariat

Un attroupement hostile s'est formé devant le vieux commissariat tranquille de la rue d'Amboise, qui assure la police du quartier Vivienne. Le bâtiment est crasseux, mal éclairé. Il reçoit un va-et-vient sordide d'ivrognes, de prostituées, de petites frappes, une délinquance qui serait aujourd'hui presque poétique... Il rassure la population avec ses policiers aux képis de guingois et aux bâtons blancs d'aveugles. C'est le temps des commissariats courant d'air et caquetage où se déverse en flots nauséabonds la vie d'un quartier.

L'agression du changeur a fait le tour du secteur et chacun y va de son commentaire. La curiosité a poussé là tout un monde de spectateurs qui souhaitent voir du cinéma en vrai.

L'arrestation de Jacques est un événement non seulement pour le quartier, mais également pour le commissaire Bégué, qui va l'interroger. Ce n'est pas un as de la brigade criminelle ; c'est un policier de quartier qui n'enregistre à son actif aucune enquête retentissante, mais ce n'est pas sa faute si les grands crimes se commettent sous les fenêtres d'autres commissaires... Enfin, là, il tient un tireur, c'est autre chose. Pour l'heure, on n'en sait pas plus.

Jacques est brutalement jeté dans un fauteuil. C'est l'usage. Le commissaire est choqué par sa désinvolture ; il semble très à l'aise dans ce fauteuil où d'autres tremblent.

Que lui reste-t-il pour tenir bêtement le coup, sinon la crânerie ? Son air de défi exaspère le commissaire et lui vaut quelques gifles bien appuyées.

Regardant le policier droit dans les yeux, il lui lance : « Ben oui ! J'ai tiré, et alors ? À ma place, qu'auriez-vous fait ? »

Cette arrogance du désespoir laissera des traces. Plus tard, on ne retiendra que l'arrogance et on gommera le désespoir.

Tenir tête, mais pourquoi ? Jacques offre l'image délectable pour les journalistes d'un voyou insensible et cruel, très à l'aise dans ses forfaits, criminel et fier de l'être, alors qu'au fond de lui, il tremble de honte et de peur ; pour rien au monde il ne le montrerait. L'orgueil, toujours l'orgueil !

Pendant que le commissaire Bégué se lamente sur cette jeunesse foutue, la nouvelle de la mort du policier Vergne circule dans tout Paris, remontant jusqu'au ministère de l'Intérieur. L'affaire prend une dimension politique. Tout un monde d'officiels sait que Jacques est un meurtrier. Le seul à l'ignorer encore est Jacques lui-même... Soudain, le banal commissariat de la rue d'Amboise se trouve envahi par une cohorte de hauts fonctionnaires de la police nationale. Sont de la revue le commissaire Fernet, chef de la brigade criminelle, son adjoint, le commissaire Decourthial, des inspecteurs chevronnés ; et, déjà au-dessus, le vol noir des journalistes. En un tournemain, le commissaire Bégué est dépossédé de son « client » au profit du prestigieux quai des Orfèvres, où beaucoup de Français croient encore que le commissaire Maigret fume son éternelle pipe.

Le jeune homme entre dans la vieille bâtisse du crime, poussé par des policiers qui lui font gravir les escaliers à toute vitesse, la tête entourée d'un bandage taché de sang. Il a l'air hautain ; il est ailleurs, dans l'autre monde des choses qu'on n'aurait jamais voulu faire et dont on ne comprend pas pourquoi elles se sont produites.

Il est emmêlé dans les fils de son propre destin ; il a accepté d'en être le jouet, sans jamais songer qu'il pourrait devenir un criminel. À cette heure policière, forcément féroce, il donne l'impression de ne penser qu'à lui... Toujours lui... Il offre le visage d'un jeune voyou maître de son crime, dépourvu d'états d'âme. Cette représentation judiciaire de l'assassin impassible et glacial demeurera comme la photographie de la vérité, alors qu'elle n'est qu'un masque. Mais les apparences dispensent souvent de se poser trop de questions !

Depuis qu'est tombée la nouvelle de la mort de leur collègue Vergne, la consternation et la colère se lisent sur les visages des policiers. Quel destin injuste pour ce brave homme, père d'une fillette déjà orpheline de mère, assassiné par un minable trop gâté par la vie dont le scandaleux mobile, en plus, était de s'acheter un bateau !

Les policiers sont exaspérés et tristes.

Jacques, lorsqu'il apprend le décès par sa main de cet homme qu'il ne connaissait même pas, ne peut y croire, il est certain qu'on lui ment. Il faut l'insistance du commissaire Fernet pour qu'il admette être l'auteur d'un homicide. Alors, il reconnaît tout, avoue tout, mais répète toute la nuit qu'il n'avait pas l'intention de tuer, même s'il admet mériter la guillotine. Il ne se cherche aucune circonstance atténuante, n'invente aucune histoire où tant d'assassins cherchent refuge et justification. Il est devenu, en quelques minutes, l'aboutissement de ses longues heures vides de sens et pleines de folie, mais sans rapport avec l'acte final qui l'a transformé en tueur de flic ! La pire espèce pénale… D'un coup, d'un mort, il est précipité dans le réel. Il n'y a rien de plus cruellement concret que l'institut médico-légal où le cadavre du policier est disséqué. Pendant ce temps, on questionne Jacques sur ses motivations mirifiques et insupportables au regard des conséquences.

Pierrette, en pleurs, un foulard noué autour de la tête qu'elle garde baissée, arrive au quai des Orfèvres. Elle a attendu son mari pendant des heures dans un café de la rue de Provence où il lui avait donné rendez-vous. La police est venue la délivrer de cette attente, pour la jeter dans une angoisse plus terrible encore en ne lui révélant rien du drame. Elle attend sur un banc, un policier à ses côtés, sans savoir. Elle ne comprendra qu'au petit matin, quand un gardien apitoyé lui montrera le journal frais sanglant du jour ; la photographie de Jacques y apparaît, accompagnée d'un titre qui tire à vue : « Assassin ! » La presse jubile dans son indignation pressée, elle exhale l'air du temps où l'on ne s'habitue pas encore à l'assassinat des policiers. Un gardien de la paix vient de trouver la mort en service, au service des autres, assassiné par un fils de riche qui mérite toute la rigueur de la loi, c'est-à-dire la mort.

Pierrette bascule dans les ténèbres, elle ne comprend rien à ce qui se passe. Elle a peur, froid, des ombres glissent le long des murs dont elle ne saisit pas les chuchotements. Mais ce n'est rien à côté de ce qu'elle va subir. Le policier en uniforme qui la garde lui demande de se lever ; elle va être confrontée à l'assassin... Derrière une porte capitonnée, dans une pièce grise, aux fenêtres garnies de barreaux lourds, Jacques, la tête bandée comme un blessé de la grande guerre, lève son visage tuméfié vers Pierrette qui entre.

Le commissaire ne leur permet pas de se parler, encore moins de s'embrasser, il exige tout de suite des explications. Jacques met Pierrette hors de cause, elle ne sait rien de sa folie criminelle, ce qui est une évidence.

— Bien entendu, dit-il aux enquêteurs, ma femme ignorait tout de ce que je projetais de faire.

Pierrette tremble de peur devant tous ces policiers agressifs. Pour elle, Jacques ne peut pas être un assassin ; elle ne reconnaîtra jamais son époux dans le criminel à la tête bandée. Elle a connu et aimé un autre homme.

D'une voix faible, elle essaye d'expliquer l'essentiel au commissaire qui l'interroge.

— Jacques n'est pas mauvais, son naturel est bon. S'il n'a jamais su distinguer le bien du mal, c'est que jamais personne ne l'y a aidé. Il s'est replié sur lui-même à partir de sa quatorzième année, où il a grandi en un an de trente centimètres... À ce moment-là, il aurait fallu s'occuper de lui, le soigner... Mais il était livré à lui-même. Sa mère était très malheureuse, ses parents vivaient séparés. Son père se perdait dans des considérations cosmiques, il disait des choses... « Une vie humaine, c'est si peu de chose... » « Qu'est-ce qu'une femme ? Une paillasse... » Son père a une part très lourde de responsabilité... Jacques était un garçon propre. En vingt-sept ans, il a nagé en eaux sales pendant deux mois, les deux mois qui ont précédé son geste de folie. On eût dit qu'il cherchait à s'enfoncer définitivement. Il a toujours eu l'impression de porter l'échec en lui. Il n'en pouvait plus... Moi, je sentais qu'un drame était proche. Il n'était plus le même.

Jacques écoute sans broncher ; aucune parole ne peut l'aider à comprendre son attitude. Il ne se comprend pas lui-même. Au fond, sans oser le dire, il est d'abord furieux de son échec.

Dehors le monde gronde de colère et pleure d'émotion.

Quelle importance peut bien avoir l'histoire de ce monstre ?

Les enfants du chagrin

Une enfant et une poupée font pleurer la France. Le journal *France-Soir* montre l'orpheline, un bébé de quatre ans, jouant avec la poupée que, parfaite, la femme du préfet de police lui a offerte. On voit l'enfant dans la loge de la concierge. Elle a perdu sa mère trois mois auparavant. Tant de malheurs sur cette petite tête ne peuvent que bouleverser.

Les obsèques de son papa ont été célébrées dans la cour d'honneur de la préfecture de police ; le valeureux fonctionnaire a été cité à l'ordre de la Nation et le préfet de police, Jean Baylot, a promis de veiller personnellement sur l'orpheline.

Jacques Fesch a semé la désolation sur son chemin.

Un autre enfant né d'un jeu terrible connaîtra, à cause de Jacques, une vie d'orphelin, de paria. Il sera le bâtard.

Jacques et Croquignole, peu de temps avant le drame, s'amusaient à draguer dans le Quartier latin ; ils rencontrèrent deux jeunes filles qui s'ennuyaient. Thérèse et Michèle étaient jolies et désœuvrées ; elles acceptèrent d'aller boire un verre, puis le lendemain de dîner, puis d'aller dans un cabaret, Les Trois Maillets. Jacques avait reconduit Thérèse à son domicile, en vrai gentleman… Quelques jours plus tard, ils avaient dîné dans un restaurant des Champs-Élysées, le Jour et Nuit. Un dîner en tête à tête, c'était déjà un commencement de quelque chose, une promesse ; verre contre verre, regard contre regard, des émotions passèrent. L'esquisse d'une aventure prenait forme. Thérèse était naïve, elle ne voyait pas malice dans le charme que lui faisait Jacques ; elle croyait au prince charmant des trottoirs du Quartier latin ; l'illusion romantique produite par le dîner aux chandelles dans un restaurant chic lui tournait la tête. En ce temps-là, on prenait encore le temps de respecter le protocole amoureux ; on savait faire semblant, pour la beauté de l'attente, de penser à autre chose qu'au but libidinal. Mais Jacques était impatient… Il espérait arriver plus vite à ses fins en faisant croire à Thérèse qu'il était éperdument épris d'elle, cachant qu'il était marié, se montrant sous le jour du célibataire esseulé. Thérèse, contre toute attente pour une rencontre de rue, résistait gentiment, mais fermement. Jacques l'invita à passer un moment dans sa chambre à l'hôtel de la rue de Ponthieu… Elle hésita, puis refusa, un rien effarouchée. Habile joueur, Jacques encaissa la rebuffade avec la grande résignation des amoureux blessés. Il joua la scène des adieux tragiques, irréversibles ; il valait mieux qu'ils ne se revoient plus, c'était trop douloureux d'aimer sans espoir de retour : Gérard Philipe dans *Les Grandes Manœuvres*.

C'était de bonne guerre ! D'autant que les copains rigolaient de voir caler le séducteur… Jacques fit alors le pari qu'il réussirait à coucher avec Thérèse. Pari digne de Valmont, le siècle et ses lumières en moins.

D'abord, il murmura à la jeune femme qu'il ne la reverrait jamais ; il avait les yeux humides ; il passait à côté du grand amour de sa vie… Alors, au dernier moment, au moment où le train va partir pour toujours, où les mouchoirs s'agitent pour l'ultime adieu, ils décidèrent de se revoir le vendredi 29 janvier. Il monta un stratagème sulfureux destiné à déjouer la réticence de Thérèse. Il avait perçu l'effet négatif de la chambre d'hôtel sur la niaiserie de la jeune fille. À l'époque, il était rare qu'une femme accepte de passer une première nuit d'amour dans un hôtel ; sans doute une conséquence désastreuse des associations d'idées : hôtel, hôtel borgne, hôtel de passe, ça ne passait pas ! C'était ainsi et l'on n'y pouvait rien. Les associations d'idées sont parfois des associations de malfaiteurs.

Jacques, au volant de sa belle Simca sport, retrouva Thérèse boulevard Saint-Germain ; il devait se rendre au chevet de sa mère à l'hôpital de Saint-Germain-en-Laye, puis conduire Thérèse chez ses parents où elle avait prévu de passer le week-end. Il était censément à l'hôpital et Thérèse, qui ne se doutait de rien, attendait ingénument son retour dans l'appartement de madame Fesch, rue d'Alsace. Elle l'attendait patiemment, puis de plus en plus impatiemment ; il tardait à venir et l'heure tournait. Jacques, de son côté, perfidement, laissait filer le temps.

En perdant du temps, il en gagnait ! Quand il arriva rue d'Alsace, il était déjà bien tard, et comme ils allèrent dîner, il devint impossible, à la fin du repas qui avait traîné en longueur, de faire la route. Jacques proposa alors l'hospitalité à Thérèse, tout en lui précisant qu'il espérait arriver à ses fins. Malgré cette chaude mise en garde, Thérèse prit le risque de dormir sous ce toit brûlant. Quel risque ! Calculé, accepté, souhaité ? Nul ne sait, nul ne sut... En tout cas, Jacques gagna son pari, puisqu'il réussit à coucher avec Thérèse, malgré sa virginité, connue de lui ; un obstacle de plus, qu'il avait réussi à surmonter !

D'après Thérèse, Jacques l'aurait forcée... mais sans violence. Elle déclarera au juge : « Fesch a perdu toute délicatesse, il savait que j'étais vierge... J'ai le sentiment d'être un peu responsable de ce qui est arrivé... Un de ses copains m'a ensuite révélé que Jacques était marié et père de famille. »

Le bon copain, c'était Croquignole, qui s'était empressé d'apprendre à Thérèse que Jacques lui avait tout raconté de leur nuit, que ce n'était pas un gars intéressant, qu'il était marié et père d'un enfant... Croquignole, l'ami qui trahit, consola Thérèse, allant même jusqu'à lui dire qu'il avait demandé à Fesch de ne pas se conduire avec elle comme avec les autres... Après cela, on pouvait difficilement attendre de Thérèse de l'indulgence, même de l'objectivité.

Qu'importe, nous savons qu'il s'agissait là d'un pari, et ce jeu suffit à disqualifier Jacques. Ce qu'il convient de savoir, c'est que dans cette nuit du 29 au 30 janvier, un enfant a été conçu, fruit d'une nuit d'effraction, le petit Gérard. Il sera abandonné par sa mère, souffrira toutes les humiliations et aura en partage tous les malheurs, y compris celui, des années plus tard, de ne pouvoir établir sa filiation sans recourir aux tribunaux.

Ainsi, tout compte dans une vie, chaque geste laisse une trace, chaque mot, chaque imprudence, chaque vilenie a ses conséquences.

Deux adultes, Pierrette et Thérèse, trois enfants, Marie-Annick, Véronique et Gérard, ont croisé le chemin de Jacques Fesch ; ils ont tous beaucoup pleuré. Ces cinq personnages occupent des rôles différents dans l'histoire extraordinaire de l'homme coupable qui désormais traînera sa vie dans l'enfer de la prison, de l'incompréhension et du châtiment, jusqu'à y découvrir le ciel. Car voici maintenant l'histoire d'un passage compliqué d'un monde à l'autre, de la nuit au jour… L'histoire d'un assassin criblé d'opprobre, d'un maudit honni de tous, d'un cynique qui va trouver au fond de sa détresse l'ouverture vers un chemin lumineux.

Ce chemin de choix, il le gravira, accomplissant en lui la grande révolution intérieure de l'esprit, la seule qui transforme la nature humaine. Cette odyssée de l'âme vaut les plus lointains voyages ; faute d'être allé au bout du monde physique, Jacques s'en est allé au bout du monde de la nuit humaine pour y découvrir l'Amour.

La tragédie judiciaire

Toujours, malgré la mort, la vie continue, tenace et amnésique. Les policiers dont le collègue a été assassiné, eux, n'ont aucune intention d'oublier ; ils montent la garde au pied de l'opinion publique pour, au besoin, la rappeler à son devoir de vengeance.

Jacques, plus seul que jamais, plus coupable que Dominici, le vieux satyre innocent de Lurs, fait connaissance avec la justice. Il se débat désormais entre les mains du juge d'instruction.

Un juge juge, ou du moins le croit-il, tant cette tâche surhumaine requiert de qualités. Il assure le fonctionnement d'une terrible machine qui, à l'époque sans appel, fait glisser le couperet de la peine de mort. Le juge est donc en cette ère répressive, plus encore qu'aujourd'hui, un homme ordinaire en charge de l'extraordinaire pouvoir de donner la mort.

Jacques découvre, pour l'avoir bien cherché, le juge !

Le sien n'est ni pervers ni méchant. Il a, chose rare, l'humilité que ne confère pas sa fonction... Qualité insolite chez des hommes de pouvoir institutionnel qui souvent recherchent la jouissance de la petite domination.

La justice des années 1950 était dure, mais peut-être moins folle que celle d'aujourd'hui ; elle n'avait pas encore versé dans l'hystérie médiatique — ce qui ne l'empêchait pas d'être sensible à l'opinion —, mais elle ne cherchait pas à fabriquer, contre telle personne et *a priori*, une culpabilité médiatique.

Deux ans avant le drame, Marcel Aymé provoqua un scandale en faisant jouer, au théâtre de l'Atelier, *La Tête des autres*, pamphlet aristophanesque sur les juges et la peine de mort. Les magistrats furent indignés que l'on osât les représenter comme capables de couper des têtes... sur un coup de tête.

Le président de l'Union fédérale des magistrats adressa une protestation indignée au garde des Sceaux. Un avocat, René Floriot, accusa Marcel Aymé d'opération commerciale : il faut retenir le nom de ce fayot, défenseur des magistrats, car on va le retrouver au coin des bois de justice, capable de tout pour faire décapiter Jacques. Il représentera les policiers et la famille de la victime contre « l'assassin qui avait tout pour être heureux. » Redoutable chasseur de têtes que cet avocat, et chasseur aussi d'animaux sauvages en Afrique à ses heures perdues.

La justice des hommes s'occupe donc de ce petit minable qui a tué un policier comme par caprice ; elle a l'intention, selon l'avis de Jean Laborde, un grand chroniqueur judiciaire, « de se montrer prompte et inexorable ». Sera-t-elle prompte ? Sera-t-elle inexorable ? Sera-t-elle juste ?

L'instruction de l'affaire a commencé... Et on parle déjà d'autres choses, d'autres drames. En Indochine, une cuvette, Diên Biên Phu, déborde de défaite et de sang français ; au Maroc et en Tunisie, les esprits s'échauffent ; en Algérie, la situation empire...

Pendant ce temps, un juge d'instruction discret, chose normale à l'époque, se charge d'instruire à charge et à décharge ; le juge Fayon est un brave juge, d'après Jacques. Malgré la bonne opinion qu'il a de ce magistrat, Jacques ne comprend pas qu'il demeure incapable de dépasser le stade des apparences pour tenter d'entrer dans « sa vérité ». Jacques s'explique judiciairement. Il répond donc à des questions qui organisent la réalité selon la police et le juge. Il est dans l'apparence de la réalité. La réalité, c'est la mort d'un homme ; son apparence, c'est que Jacques ait voulu le tuer froidement, délibérément. On ne va pas au-delà. Cette limitation choque l'inculpé, il a le sentiment juste et pénible d'être déjà condamné par les apparences qui font de lui un voleur, un fuyard, un tueur, un cynique. Alors qu'il n'a jamais eu l'intention de tuer ! Dès les premiers jours, cette incompréhension l'exaspère :

« On mélange trop souvent la morale et la loi ! Si j'ai mal agi, je le sais, mais je ne sais surtout pas comment j'ai agi. Je sais très bien que je n'étais pas "libre" et n'aurais pas fait ce que j'ai fait qu'un jour ou l'autre *(sic)*, je serais quand même tombé au bas de l'échelle sociale. Ma vraie culpabilité n'est pas là. Ce ne sont pas les actes pour lesquels je suis ici qui sont spécialement graves. Ceux que je me reproche sont d'un autre ordre, et si un jour je suis jugé en vérité, ce seront ceux-là qui pèseront dans la balance, Pierrette,

Véronique... De ceux-là, j'aurai à répondre. D'où vient qu'aucun détenu condamné à une grosse peine ne soit capable de l'accepter ? Tout simplement du fait qu'on a jugé un homme qui n'existait pas et qu'on a voulu libre, équilibré et conscient, alors que le prisonnier sait très bien qu'il n'en est rien et, s'il ne se l'explique pas très bien à lui-même, il est blessé dans son sentiment de justice... Ses actes sont condamnables, mais lui l'est peut-être beaucoup moins. Ce qu'il est devenu est peut-être intéressant, mais on ne doit pas moins s'en méfier, parce que rien ne prouve que le mal qui était en lui ne réapparaîtra pas. Ça, c'est plus juste et conforme à la vérité. » (LÉ)

Ce qu'écrit Jacques à l'époque nous oblige à réfléchir sur l'apparence et la réalité, la vérité qui ment et le mensonge qui dit la vérité. L'homme dans l'homme, le secret des actes n'intéressaient pas plus la justice d'hier que celle d'aujourd'hui ; un homme lui a toujours suffi, l'acteur, l'auteur, le poseur de l'acte criminel identifiable comme le poseur de bombe. L'acte, la bombe, le crime absorbent l'identité de l'homme. Cette incompréhension fait hurler Jacques dans le silence de sa tête : « Ils frappent les jeunes alors que nous ne sommes jamais que ce que nos pères ont fait de nous. Nos actes ne sont que la conséquence de l'éducation que nous avons reçue, des exemples que nous avons vus, des tares que leurs folies nous ont léguées comme héritage, et le châtiment retombe sur nos têtes. Que d'injustices crient vengeance ! » (JP p. 107)

Jacques Fesch n'avait sans doute pas lu le père de l'analyse transactionnelle, Éric Berne, mais il avait compris, à travers son expérience, le poids déterminant de l'éducation négative dans le passage à l'acte criminel.

Jacques est désormais englué dans la monotonie de l'instruction de son dossier : interrogatoires, confrontations, expertises, reconstitution, questions toujours posées, réponses toujours répétées. Il s'enlise dans la vie végétative de la prison. Il souffre des conditions matérielles de la détention. Il souffre surtout de la disparition soudaine de son environnement affectif.

D'un coup et en une nuit, les proches, les amis, les ennemis ont disparu ; il ne reste plus rien des habitudes hier encore vivantes. Autour de lui c'est le vide, un vide viscéral qui fait mal. Comme tous les délinquants qui n'ont pas voulu l'être, Jacques devient une sorte d'orphelin ; même plus une main amie à serrer. Ce vide envahit les quatre murs blancs d'une cellule de cinq mètres sur deux ; l'angoisse emplit ce vide, et des murs suinte une sueur d'angoisse.

Un sentiment éprouvant de resserrement étreint Jacques.

Les barreaux aux fenêtres, le mobilier médiocre enchaîné, la porte renforcée, l'œil du judas qui clique comme une paupière perverse, la lumière électrique toute la nuit, la surveillance sourcilleuse, la discipline humiliante, tout cela donne à Jacques l'impression d'être une bête féroce en cage. Il éprouve le sentiment d'être abandonné de tous, de ne plus pouvoir appeler qui que ce soit à son secours, d'être un paria. Il faut du temps pour que vienne un avocat, il faut du temps pour que viennent Pierrette, sa belle-mère, sa mère, il faut beaucoup de temps et, dans l'administration, nul n'est pressé de faciliter la vie du détenu Jacques Fesch.

Alors, du fond de son histoire, des souvenirs douloureux ressuscitent ; ils intensifient sa détresse comme un haut-parleur amplifierait les chuchotements.

Les années de collège passées à Saint-Érembert sans aucune visite de ses parents, leur indifférence à ses études, leur froideur, leur absence de tendresse se surajoutent à sa solitude.

Et surtout la nuit, la nuit carcérale peuplée de tous les monstres du passé. Il se rappelle la vie commune à Strasbourg avec Pierrette, les quelques rares satisfactions qu'il a pu donner à sa mère, son incapacité à aimer, son incompétence pour le bonheur, sa peur de la vie, ses rêves insensés témoignant de son immaturité (JP p. 109).

Désormais il est enfermé dans un tunnel et il risque fort de s'y transformer en bête humaine, furieuse et révoltée.

Il n'a qu'un moyen de combler le vide de ses jours : la lecture... Il lit en moyenne quatre heures par jour, il s'évade, fixe son esprit sur d'autres mondes, d'autres problèmes ; il s'instruit et découvre des sujets qui ne lui avaient jamais effleuré l'esprit. Aujourd'hui, il regarderait peut-être pendant de longues heures hypnotiques la télévision si drôle, si branchée... si bien dans le ton con ; il ferait des haltères et aurait de gros biceps en mousse musculeuse. Son évolution aurait-elle était la même ?

La lecture joue un rôle considérable dans sa transformation mentale. Elle l'incite à la méditation, chose qui a été jusque-là étrangère à sa nature. Miroir du livre, profond miroir qui renvoie la vie jusqu'à nos vies interrogatives. Lire le délivre de son nombrilisme, le détourne de lui-même. Jacques alors commence à s'interroger de manière introspective sur ses fautes et leurs conséquences ; il cherche, en quête d'un idéal... à tâtons, à bâtons d'écriture, mot après mot, page après page, livre après livre. Il lit tout ce qui lui tombe sous les yeux : Rilke, Dante, Villon, Claudel, Francis Carco, Pouchkine, Fénelon, Cicéron...

L'univers du livre s'ouvre à lui. Il dira tout le bénéfice que ces longues heures à lire, assis par terre, sur le sol de la cellule, une couverture sur le dos l'hiver, ont pu lui apporter : « Ça n'a l'air de rien, mais à force de passer quatre à cinq heures par jour le nez dans les bouquins, on arrive insensiblement à devenir calé. » (LÉ)

Il écrit. Écrire est important, seul moyen de jeter un pont entre lui, le prisonnier, et les autres, les gens libres. Un pont de mots. Il faut alors de la patience pour le construire, car le courrier est limité à soixante lignes par lettre... Le pont se construit pierre après pierre, mot après mot.

Faute de pouvoir écrire aux autres autant qu'il l'aurait voulu, il se met à noircir du papier pour tuer le temps. Les heures passées à remplir, de sa petite écriture lisible, des feuilles qu'il croit inutiles sur un morceau de table scellée au mur transforment son caractère. En fait, comme beaucoup, il n'a jamais réfléchi sur lui-même, trop occupé de lui-même.

Entre quatre murs, à qui parler ? Sans le savoir, il renoue le dialogue avec sa propre voix intérieure et il commence à se parler.

Soudain, il se sent libre ! « Je suis beaucoup plus libre quand j'écris », confiera-t-il plus tard à sa belle-mère.

Cependant, il ne faudrait pas rêver à une sublime rédemption par la prose. Jacques demeure, au fond de lui, terriblement révolté, et il accepte très mal sa situation, au point d'envisager de s'évader. En profondeur la haine gronde, il veut se venger, se considère comme une victime et cherche encore des occasions de nuire. La promenade et ses rencontres peuvent y aider.

La promenade lui permet « d'exécuter quelques pas dans un autre cadre, aussi peu attrayant soit-il, mais tout de même différent[1] ». C'est toujours le même pas, mais, mis bout à bout, il permet de faire du chemin sur place.

Le personnel pénitentiaire joue aussi un grand rôle dans la vie du prisonnier ; contrairement à une idée couramment répandue, il se comporte en général avec humanité, s'abstient de juger et accompagne le détenu le long du chemin d'attente, tantôt le réconfortant, tantôt l'écoutant. Un surveillant de prison est lui aussi en prison !

Jacques est installé dans cette monotonie ; la routine répétitive et disciplinaire apaise son angoisse, mais laisse intacte sa haine sociale. Tout ce qui rompt ce rythme léthargique le rend malade ; toute visite chez le juge d'instruction est un supplice, car elle le replonge dans le drame qu'il feint d'occulter ; elle est démoralisante : il faut subir le trajet en fourgon cellulaire, être enfermé dans la cage grillagée, souffrir la morsure humiliante des menottes, attendre dans une

1. Cité par André Manaranche, *Jacques Fesch : du non-sens à la tendresse*, coll. « Témoins de la lumière », éd. Sarment, 1995, p. 150.

cellule froide, sombre, souillée d'urine et d'excréments, le bon vouloir du juge, jamais à l'heure, jamais pressé. Cette attente dans la boue des « geôles », imposée par un je-ne-sais-quoi de morgue judiciaire, ronge la dignité des hommes. Jacques a cruellement souffert de ce marinage dans cette immobilité angoissante. Elle lui a fait dire qu'on ne se sent alors « qu'une machine à la disposition de la justice[1] ». Si les juges pouvaient faire de la ponctualité une forme de respect due aux justiciables, ils leur épargneraient bien des souffrances inutiles.

Toutes ces misères s'inscrivent dans une douloureuse durée, une durée incertaine. On ne sait jamais combien de temps « ça » va durer, et c'est ce flou temporel qui fait le plus mal.

Au fil du temps qui ne passe pas, mais se traîne comme une larve, le prisonnier se ressent « comme un individu qui n'intéresse plus personne », qu'on « hésiterait à toucher avec des pincettes[2] », selon Jacques.

Un souffle de vie dans cette asphyxie de l'âme : le parloir.

Rencontrer un proche, un avocat, un aumônier, lui parler enfin.

D'une rencontre le pire peut arriver, le meilleur aussi...

Pour la première fois de sa vie de prisonnier, Jacques Fesch est appelé au parloir.

1. *Ibid.*, p. 151.
2. *Ibid.*

Rencontres étonnantes

Jacques traverse les longs couloirs qui conduisent de sa cellule au parloir des avocats, les bras croisés, sans jamais s'éloigner du mur. Il est dans un état d'esprit très négatif, persuadé d'être la victime de sa propre histoire, tout à fait disposé à pleurer sur l'injustice de son sort. Il est, à ses yeux indulgents, la proie du destin, le jouet d'un concours de circonstances diaboliques. Il continue à jouer le scénario de l'enfant gâté qui gâte toujours tout à cause des autres.

Le gardien ouvre la porte de l'étroite pièce, dite parloir des avocats, où l'attend un homme à l'allure ascétique et austère.

Jacques entre, un peu intimidé par cette figure sévère. L'homme se lève, cette marque de respect rétablit Jacques dans un autre ordre humain. Il tend la main à Jacques, qui se dit : « Enfin une main amie », une poignée de main ferme et encourageante. Depuis des semaines, personne ne lui a témoigné la moindre marque de respect ; il en est arrivé à se mépriser du mépris des autres à son égard.

— Asseyez-vous, lui dit l'homme.

Une petite table d'un bois usé les sépare.

Sans cette compréhension insistante dans les yeux, sans ce regard dégageant une infinie bonté derrière des lunettes fines, l'avocat aurait pu passer pour un juge intransigeant.

Paul Baudet est l'avocat choisi par la famille Fesch pour défendre Jacques. C'est l'un des meilleurs avocats de son temps, mais c'est un drôle d'avocat ! Au moment où il rencontre Jacques, il porte quarante-sept ans et une histoire embrouillée, un peu extraordinaire... En définitive, le « hasard » met en présence deux hommes dont le roman familial se ressemble un peu.

Jacques écoute la voix douce, un peu chuchotée, de son défenseur. Il fait connaissance... Enfin, presque...

Jacques ignore tout de l'histoire de son avocat.

Paul Baudet est le fils d'un riche drapier de Bourges. Quelle famille, là encore ! Quels encriers à histoires sombres, ces familles compliquées ! Son père n'est peut-être pas son père et sa mère, évidemment, est responsable de ce doute cruel. L'enfant grandit donc dans la méfiance des femmes et apprend à voir son père comme un intrus et un cocu.

Autant dire que son enfance est dure, triste, incomplète. Très tôt, il reçoit une irremplaçable expérience de la détresse qui lui fait dire : « Une jeunesse très heureuse ne prédispose pas à être un bon avocat... Il faut avoir été au cœur des problèmes qui se posent en général aux gens dans la peine. »

La peine, il connaît... Il est devenu avocat par compassion, par goût immodéré de la marginalité, du rejet, du rebut.

Son père, un bourgeois de Bourges, ne comprend pas qu'on puisse passer son temps à défendre des crapules, pas plus qu'il ne tolère les extravagances sexuelles de son inverti de fils. Un inverti pour qui l'inversion n'est qu'une figure acrobatique de plus dans la gymnastique amoureuse. Il assume au grand jour ses nuits orgiaques, ce qui pour l'époque relève d'un grand courage ; on est encore loin des *comimg out* politiques et médiatiques des gays. Il fallait, en ces temps-là, une extraordinaire audace morale pour oser s'affirmer homosexuel. Paul Baudet l'avait.

Il entre au barreau par attrait, mais aussi par tendresse pour les bannis. Il porte le noir de la robe en signe de deuil des illusions humaines et vit une douloureuse contradiction entre débauche et pénitence, entre ce qu'il exhibe et ce qu'il veut devenir.

À première vue, Jacques est étonné. Il s'attendait à trouver un avocat comme on les décrit dans les romans, résolu à sauver le client par tous les moyens, même les pires. Un de ces vaniteux verbeux, redondants et matamores sonores épris d'eux-mêmes. Au demeurant, il espère bien trouver un acharné de sa défense, tant il est persuadé d'être victime des événements. Il n'a jamais été responsable de rien — sa mère le lui avait assez enseigné —, la prise de conscience d'une responsabilité ne va pas commencer avec l'imputation d'un crime. Aussi cet avocat aimable, mais trop honnête pour être efficace, le surprend-il par sa circonspection.

Que vont-ils se dire ? Comment les choses évolueront-elles entre eux ? Tout cela relève du secret le plus absolu, voire du mystère.

L'avocat a sombré plus d'une fois avant de refaire surface des profondeurs des nuits glauques de Pigalle. Au palais, où les médiocres plus qu'ailleurs ont la langue dure faute de l'avoir déliée, on le surnomme « la duchesse de Berry » ! Il s'en fout, il déambule dans la vie, libre et fier, mais cet immoraliste porte en lui une exigence éthique, une tension vers l'idéal que peu de professionnels de l'irréprochabilité connaissent. Cet avocat dont ricanent les ratés montre l'exemple en plaidant les causes les plus difficiles, les moins mondaines, les plus sulfureuses. Ayant fait une fois pour toutes le sacrifice des petits honneurs passagers, il ose ce que nul n'ose. Décoré de l'opprobre, il n'a que faire des clochettes de la renommée conquises dans les couloirs et les boudoirs et qui signalent les moutons du troupeau.

Il accepte de défendre Carbuccia, le directeur du vomitoire *Gringoire*, journal responsable du suicide de Roger Salengro, ministre du Front populaire. Il accepte de défendre deux des rédacteurs de *Je suis partout*. Il sauve leur tête... Ce qui n'est pas du goût de la presse de gauche, principalement du journal *Libération* qui, sous la plume acerbe de l'acariâtre Madeleine Jacob, la Louise Michel de la chronique judiciaire, met Paul Baudet au ban du banc de la défense. Il y a les bons et les mauvais accusés qui, selon l'heure, peuvent se remplacer.

Et pourtant, Paul Baudet déteste et *Gringoire* et *Je suis partout,* ces deux torchons collaborationnistes. Mais cet homme, qui ne pleure pas comme une madeleine Jacob sur tous les bannis de la Terre rouge, se bannit lui-même pour l'honneur de défendre.

Quelque part, comme on dit aujourd'hui quand on ne sait plus où l'on habite, cet avocat incarne le droit pour tout accusé d'être défendu, aussi coupable, aussi indigne, aussi infréquentable qu'il puisse paraître. Il ne veut pas crier avec les loups, il accepte donc la morsure des loups de l'opinion, au risque de compromettre sa réputation, déjà malmenée par le ballet de ses mignons.

Pourquoi s'attarder sur ce personnage ? C'est une énigme humaine, un revirement, un croisé placé là, par qui, pourquoi ?

Il va jouer un rôle clé dans notre histoire.

C'est un original, voire un marginal ordonné, qui se délecte du dérèglement des mœurs et s'épuise dans la lutte contre cette délectation. Ainsi, deux hommes très différents l'un de l'autre viennent de se rencontrer par le hasard d'une tragédie. Ils sont différents, mais ils se ressemblent par la malédiction qu'ils traînent : le sodomite et l'assassin. Que sortira-t-il de cette rencontre ? Dieu seul le sait... L'avocat regarde son client et ne peut s'empêcher de le trouver beau, fragile, meurtri. Il réfrène cette émotion montante. Depuis des mois, il s'efforce à la chasteté... Dure épreuve !

Deux existences en guerre contre elles-mêmes se heurtent : l'homosexuel qui a tout accepté, et qui sans se renier veut, au nom de la foi, changer de vie, et l'assassin qui a tout avoué, qui ne comprend rien à son geste, qui veut sauver sa peau sans changer sa vie.

En réalité, ce que Jacques Fesch ignore, c'est qu'il a affaire à un missionnaire laïque. Un avocat des hommes, mais également un avocat des âmes. Il aurait pu avoir n'importe quel autre avocat, mais sur son chemin, la Providence a placé un avocat de Dieu. Un homme compliqué qui fait passer sa réconciliation avec Dieu par le renoncement à son homosexualité. Dieu en demande-t-Il autant ? S'intéresse-t-Il vraiment à nos libidos ? Le sexe des anges Le préoccupe peut-être, mais celui des hommes ? Or l'avocat de Jacques, qui est devenu un croyant fervent après avoir été un farouche athée, croit à l'ascèse, cette « méthode de vie » selon Teilhard de Chardin. Il offre un magnifique exemple de maîtrise des appétits ; Gandhi ne fit pas autre chose avec la nourriture et la sexualité.

Pour l'heure, l'avocat et son client n'ont rien sur quoi s'entendre. Jacques demeure mécréant et cynique, il ne pense qu'à sauver sa peau. Dans un premier temps, il ne devine rien des tourments religieux qui agitent son avocat, sinon il aurait probablement fait appel à quelqu'un d'autre.

On ne sait trop comment s'est accomplie la conversion de Paul Baudet. Plusieurs versions circulent, toutes probablement complémentaires. Il aurait avoué à l'un de ses confrères qu'il avait rencontré Dieu un soir sur le quai d'une gare après avoir plaidé un de ces dossiers qui écœurent définitivement des hommes. Les gares ont quelque chose d'une église ; elles sont selon Blaise Cendrars les plus belles églises du monde, des temples pour Alberto Savinio. Au cœur gris de la nuit d'une gare, dans cette solitude en partance, il avait pris le train pour l'autre dimension. Allez donc savoir comment, dans les vapeurs crachées par une locomotive, Dieu lui est apparu !

L'étape déterminante de cette conversion serait un voyage en Terre sainte, la sainte terre où le fils de Dieu a versé son sang, victime de la peine de mort. Rares sont les chrétiens qui reviennent de Gethsémani sans en être transformé, tant ces lieux incarnent une réalité divine, une topographie de Dieu, installent au cœur du croyant « cette petite vie de Nazareth » dont parle le père de Foucauld. Quel bouleversement que de toucher la réalité du surréel !

« Bethléem n'est qu'à huit kilomètres de Jérusalem. Quand on est en Palestine, cela frappe douloureusement : après avoir passé le Noël 1888 à Bethléem, avoir entendu la messe de minuit et reçu la sainte communion dans la grotte, au bout de deux ou trois jours, je suis retourné à Jérusalem. La douceur que j'avais éprouvée à prier dans cette grotte qui avait résonné des voix de Jésus, de Marie et de Joseph, où j'étais si près d'eux, avait été indicible... Mais, hélas ! après une heure de marche, le dôme du Saint Sépulcre, le Calvaire, le mont des Oliviers se dressaient devant moi, il fallait, qu'on le veuille ou non, changer de pensées et se retrouver au pied de la Croix[1]. »

L'émotion de Charles de Foucauld, Paul Baudet la connaîtra en 1956 quand il accomplira ce pèlerinage sublime.

Là encore, son voyage aurait été banal si, à bord du bateau *la Marseillaise*, ne se trouvait un prêtre, Jean-Marie Lustiger, responsable des jeunes pèlerins. Il jouera un rôle remarquable dans notre histoire, lorsque, trente ans plus tard, il sera devenu arche-

1. Charles de Foucauld, *Lettres et carnets*, Seuil, 1995.

vêque de Paris. Tous ces croisements d'hommes de bonne volonté, reliés sans le savoir par une histoire commune de crime et de sainteté, renvoient à un grand scénariste... En tout cas, si le Dieu des chrétiens avait voulu faire réfléchir son Église sur la marginalité et la grâce, sur la rédemption moderne qui, pour s'accomplir, doit déjouer les pièges du conformisme et des apparences convenables, il n'aurait pas choisi meilleur film.

Paul Baudet sait que Jacques risque la peine de mort ; il s'attend au pire. Son premier souci, en voyant ce jeune homme égaré, est bien sûr de sauver sa tête, mais son exécution semble tellement inéluctable, tellement au bout du chemin, qu'il veut aussi sauver son âme. Cet homme est d'un autre temps parce qu'il a le temps, écrivant son courrier à la main, se déplaçant en autobus, priant, méditant. Sa personnalité se déploie tout entière dans les premiers mots de sa plaidoirie pour Pauline Dubuisson, meurtrière de son amant : « J'ai gagné dans ma carrière à aimer ceux que je défends, à les aimer pour eux-mêmes, à essayer de les comprendre. Essayez, vous aussi, de comprendre, par référence à vous-même, à vos propres chagrins et à vos propres faiblesses. Et si d'aventure vous n'en avez pas, par référence à la faiblesse et au chagrin des autres. »

Il a élevé son métier à la hauteur d'un sacerdoce. Dans la médiocrité de la vie du palais, l'âme peut se détériorer en séparant la justice de la charité. Il a réussi le prodige de ne jamais les dissocier. Fait rare dans ce milieu mesquin et bouffi de petites vanités, il s'oublie, s'efface devant la tragédie que vivent ses clients, cherchant le sens caché du mal. Le vrai problème, la vraie question : le mal, pour quoi faire ?

Jacques s'en retourne dans sa cellule un peu démoralisé par cet avocat pessimiste, mais tellement fraternel qu'il lui a tout de suite accordé sa confiance. *In petto*, Jacques sourit d'avoir un avocat aussi original et qui se comporte comme un curé. Il est aux antipodes d'une quelconque préoccupation religieuse. Et les bondieuseries l'exaspèrent parce qu'il demeure incapable de comprendre la nécessité pour l'esprit d'avoir un terreau dans lequel puiser sa force. La seule chose qui compte, on le comprend, est de sauver sa tête.

Son âme, il n'y pense même pas, il s'en fout !

Et pourtant, la deuxième personne qui l'appelle au parloir est l'aumônier de la prison, le père Jean Devoyod, une sorte de Brukberger, ancien militaire, dominicain et dur à cuire. Il loge à deux bénédictions de la prison de la Santé, au couvent Saint-Jacques, le bien prénommé ! C'est un brave curé, avec une foi simple et vraie. Il a l'habitude des hommes qui souffrent. Il est convaincu qu'avant de s'occuper du ciel, il convient d'agir sur la Terre si terre à terre. Aucun problème matériel d'aucun détenu ne lui est indifférent. Son visage grave exprime une douce patience. Les faiblesses humaines qu'il combat, il sait les comprendre.

Fidèle à sa mission, il rend donc visite à Jacques. La rencontre est brève : « Je n'ai pas la foi », lui affirme Jacques. Par ces quelques mots, il entend signifier qu'on peut lui parler de tout, sauf de Dieu ! L'aumônier ne se décourage pas, d'autant qu'il peut parler de tout, même de Dieu... À la longue, de visite en visite, de silence en paroles et de paroles en silence, ces rendez-vous deviennent une habitude apaisante. Ils parlent de tout et de rien.

Quelquefois, il faut bien parler du destin de l'homme, et le condamné à mort potentiel n'évite pas les questions essentielles.

L'aumônier s'empêtre alors dans des arguments théologiques, thomistes, compliqués, savants qui font sourire Jacques. Parfois, ce manque de simplicité dans l'argumentation l'exaspère. Il se veut athée, mais il porte en lui une certaine idée de Jésus qui ne s'accommode pas des dialectiques alambiquées. Jésus parle à l'enfant qui demeure en lui et qui comprend tout dans l'ordre de la sensibilité.

Ces discussions amicales au cours desquelles Jacques s'amuse à contredire le religieux tissent un lien entre eux. Un jour, le dominicain lui apporte les Évangiles. Jacques entre dans cette lecture lentement et, au fil des pages, un autre monde apparaît sur l'écran gris de sa prison intérieure. Une force ascendante jaillit de ces pages paisibles et exigeantes. Une douce voix parle de l'homme dans ce qu'il possède de meilleur en lui. Assis par terre, le livre entre les mains, Jacques voit défiler les routes poussiéreuses, les puits où se rafraîchir comme le fit la Samaritaine, les nuits étoilées en dôme de prières ferventes ; il entend le clapotis des barques sur le lac de Tibériade, le frémissement des poissons dans les filets, le bruit du vent qu'un mot faisait coucher ; il s'immobilise dans le désert et sa pureté silencieuse ; il n'en revient pas du baiser au lépreux, tant il se sent malade et moralement contaminé ; tant de compréhension, d'amour, de pardon le stupéfie : aimer ses ennemis, sauver les mourants, ouvrir les yeux des aveugles, donner du pain, donner du vin, donner du sens symbolique à la vie, il trouve ces dons réels dans les mots du berger. « J'aime, écrit-il, l'épisode de la Samaritaine, "Si tu savais le don de Dieu"... Ces quelques paroles me semblent contenir tout l'amour du Christ, toutes les promesses d'une miséricorde infinie et toutes les grâces dont il me comble. » Les apôtres, les compagnons des routes poussiéreuses, le réconfortent dans leur humanité trop humaine.

« Rien de ce qui concerne les apôtres ne fait autant pour ma foi que leur incrédulité, leur rationalisme, leur faiblesse, leur vantardise et leur orgueil. "Quel est le plus grand de nous ?" disait Simon Pierre. Et son reniement, qui ne s'en réjouit pas, y voyant le reflet de sa propre faiblesse ? Mais comme la réponse est douce, et consolante cette phrase : "Jésus étant sorti, se retourna et regarda Pierre..." Qui n'a senti sur soi le regard de Jésus chargé d'amour et de pardon et qui n'en a pas pleuré comme Pierre ? Je pense que chacun de nous ressent plus ou moins fortement une phrase ou deux de l'Évangile qui parle peut-être plus directement à notre cœur. » (JP, p. 118)

Ce qu'il n'ose s'avouer, c'est la simple sympathie qu'il ressent pour Jésus : il a subi un procès inique aux cris d'une opinion publique inchangée dans ses haines de base ; il a été condamné à mort, crucifié entre deux criminels, des scélérats comme lui, Jacques. Il trouve que si Jésus n'avait osé aimer les pauvres, personne ne les aimerait, s'il n'avait osé aimer les prisonniers, personne ne les aimerait, s'il n'avait aimé le lépreux, personne n'aimerait les parias, et s'il n'avait aimé la femme adultère, le bon larron, qui aimerait les marginaux ?... Jacques ne se pose même pas la question de savoir si Jésus est le fils de Dieu, il est devenu la présence, l'interlocuteur, l'ami. Sa divinité ? Un cadeau en prime !

Jacques passe son temps à lire, il lit les livres qu'on lui apporte, des livres multiples, divers, différents. La vie de sainte Thérèse d'Ávila, par Marcelle Auclair, le transporte dans la Castille aux quatre-vingt-huit tours ; la vie de saint François d'Assise lui apprend qu'à jeunesse coupable l'avenir peut sourire ; la vie de sainte Thérèse de Lisieux le touche profondément, la petite sainte cloîtrée rayonne d'amour en Dieu. Il ressent quelque chose...

Il découvre une autre dimension de la vie, celle que nous passons notre temps à nier : la dimension spirituelle.

Il chemine à travers ses lectures vers un but encore ignoré de lui.

Ce qui est certain, c'est qu'il n'a pas la foi. Il goûte simplement à l'émerveillement des choses spirituelles.

Une autre rencontre va se produire, une troisième rencontre, un troisième envoyé, si l'on veut. Cette rencontre prend la forme d'un courrier que lui adresse, sitôt après le drame, un certain frère Thomas, ami de Pierrette et singulier personnage qui raconte avoir mené une vie de débauché avant de se convertir. Dans cette lettre inspirée, il lui écrit que, quoi qu'il ait fait, le Christ l'aime. Reprenant les paroles d'un negro spiritual à la mode, il insiste : « Le Christ frappe à ta porte, ne lui ouvriras-tu pas ? »

Cette référence musicale ne peut déplaire au trompettiste du Quartier latin, cependant il n'y répond pas tout de suite. Quatorze mois s'écouleront avant qu'il n'écrive à son tour au moine mélomane !

Étonnante lettre... Une bouteille jetée à la mer du désespoir ? Une vraie lueur de génie religieux, une prémonition ? Qui se cache derrière frère Thomas ? Un jeune homme prénommé Dominique, d'origine juive, de famille calviniste, convertie au catholicisme par un dominicain, le père Chauvin. Cet homme-là résume donc toutes les contradictions ; mais, même si tous les chemins mènent à Rome, ils se révèlent souvent très tortueux.

Il poursuit des études de médecine, joue dans un orchestre, mène une vie sexuelle débridée, puis soudain se convertit et change radicalement de cap. Il possède un point commun avec Jacques, il aime lire. Un ouvrage va l'aider dans sa transformation, *Crainte et Tremblement*, de Soren Kierkegaard. Le philosophe invite à méditer sur ce paradoxe scandaleux que constitue le Dieu incarné dans la personne du Christ ; ce fils divin qui apporte à l'homme un message sans lequel il ne serait plus « qu'un être errant ». Pour lui, le christianisme n'a rien à voir « avec une compagnie d'assurances pour l'Au-delà ; le Christ est venu, non pour donner un calmant lénifiant, mais pour faire naître l'angoisse. Car le Christ apporte le secours absolu à des consciences qui ne vivent que dans le relatif ».

Ce livre a fait réfléchir le futur moine jusqu'à le pousser comme un souffle vers l'abbaye bénédictine de la Pierre qui Vire où il fait une retraite. Six semaines plus tard, il y devient novice, puis moine. L'auteur des quelques lignes de réconfort auxquelles Jacques ne répond pas est donc un tout jeune moinillon qui n'a pas encore été ordonné prêtre, mais qui a connu les affres du désarroi.

Ces lignes, Jacques les garde sur lui pendant des mois...

Pendant ce temps, d'étranges choses arrivent.

Ces étranges choses

À l'intérieur de ces hauts murs, une chose va se produire qu'on ne sait nommer, tant elle nous dépasse, tant elle appartient à Dieu : l'acheminement d'un damné vers la sainteté, la lente progression d'un homme banal, brutal, vénal, vers un autre lui-même complètement différent.

Ici, on ne trouvera pas de grands moralistes mortifiés, de carmélites grillagées, de missionnaires martyrisés, de vie consacrée au bien en se mettant à l'abri du mal. Ici, on trouve un homme banalement homme et tristement jeune qui croit que le « Dieu gendarme n'existe pas ».

L'intervention des trois personnages que nous venons d'évoquer ont aidé Jacques à se préparer, à évoluer. Il suffit parfois d'une rencontre pour ressusciter. Paul Baudet, le père Devoyod et frère Thomas ont été des envoyés.

Ils ont apporté à Jacques la lumière de la parole de Jésus qui l'a guidé vers la sortie du tunnel. Ça, c'est la magie de l'Évangile. Une parole immédiate, simple comme la pluie qui rafraîchit et le soleil qui réchauffe — mais ni la pluie ni le soleil ne sont simples.

Un livre encore joue un rôle décisif. On ne dira jamais assez l'importance des livres dans cette reconstruction de l'âme. À la fin du mois d'octobre 1954, Jacques lit et médite un ouvrage que sa mère lui a envoyé sur les apparitions de Fatima. Le récit des apparitions de la Vierge aux trois petits Portugais lui révèle qu'il est un pécheur aux yeux de l'Église.

Comment cette prise de conscience a-t-elle pu survenir ?

« Je viens de lire un passage du message de Notre-Dame de Fatima, écrit-il, qui me plaît beaucoup et qu'on ne devrait jamais oublier : lorsqu'elle parle à ses petits confidents, Marie leur demande de faire des prières pour la conversion des pécheurs et des sacrifices pour l'expiation de leurs fautes. Dans la mesure où même nos âmes ont conservé ou retrouvé la pureté, dans cette même mesure les appels du cœur immaculé en faveur des pécheurs s'adressent aussi à nous tous, car dans cette même mesure nos prières et nos sacrifices peuvent leur être utiles. » (JP)

Ce qui demeure extraordinaire, c'est le coup de foudre spirituel de Jacques pour la Vierge Marie. Devient-elle le substitut de cette mère qui n'a pas su l'aimer ? Marie, la mère absolue dans sa fonction la plus familière, parvient à toucher l'adulte même le plus éloigné de la foi s'il a été un jour chrétien dans son enfance. L'inconnue de Nazareth qui offre à pleines mains jointes le merveilleux vrai de l'annonciation, de la nativité, des rois mages, de la fuite en Égypte, qui offre l'immense tristesse de sa douleur au pied de la croix, celle-là est la mère ! Dans ces heures graves où l'angoisse, le doute arrivent en formation serrée, Jacques se tourne vers la mère aimante. Il embrasse la représentation la plus naïve de la foi, celle qui déchaîne les grivoiseries anticléricales, les allusions sexuelles susurrées, les histoires de cocu content, toute la bêtise des imbéciles imbus de certitudes sur l'incertain.

L'homme qui s'attendrit ainsi dans la contemplation de l'apparition de la femme de Fatima est un assassin !

Au moment où la Vierge mère lui sourit dans sa cellule, un enfant vient de naître d'une femme prénommée Thérèse, maîtresse d'une nuit de violence, une vierge qui a dû lui céder sous la contrainte ; l'enfant se prénommera Gérard, il connaîtra l'abandon, la misère, l'orphelinat. Tout cela, Jacques l'ignore.

Comment un tel renversement des choses a-t-il pu s'accomplir ? En l'état de sa vie, en l'état de son histoire, qui aurait pu rire de la tendresse de l'assassin pour la Vierge ? Qu'un homme, qui a abusé de la naïveté d'une jeune fille pour gagner un pari, soit capable de se tourner vers la femme qui exige le plus de respect n'oblige-t-il pas à suspendre le jugement sur autrui ? Rira bien qui priera le dernier...

De longues années plus tard, Léopold Baudet, le fils de Paul, remettra à Gérard une petite enveloppe contenant une reproduction de *La Vierge et l'enfant* de Raphaël, au dos de laquelle figure un poème manuscrit de Jacques : « Puissiez-vous passer auprès de cette image autant de bonnes heures que j'en ai passé aux pieds de Marie. »

La rencontre avec Marie lui a appris une force nouvelle : prier pour lui-même et pour ceux qui ne croient pas, n'adorent pas, n'espèrent pas, n'aiment pas Dieu.

Il vient à cette rencontre par des chemins mystérieux, mais à la portée de tous : la prière. Il confie : « La plus grande paix vient de la prière simple et humble, celle qui n'interroge pas, mais ne nécessite qu'un total abandon et une soumission parfaite. » (JP, p. 119)

Il confie à son journal : « C'est toujours Marie qui m'apporte la consolation de son amour. Quelle chaleur dans ces simples prières. (...) Marie ! Que de consolations n'a-t-elle apportées aux hommes ! Comme son image est douce, plus intime pour nous que le Christ qui reste auréolé de sa gloire de Dieu. Prier Jésus, c'est prier la croix. » (JP, p. 120)

Dans cette icône, étrangement, il n'entrevoit pas la mère du justiciable, la mère du condamné à mort, la femme unique qui souffre pour son fils la douleur de toutes les mères, la douleur d'un procès inique, d'un procès voulu, conduit par l'opinion publique.

Ces méditations sont interrompues par le parloir.

Le 28 février 1955, il rencontre Pierrette. Une entrevue silencieuse dans le cloître pénitentiaire. Elle lui parle à voix basse dans cet étrange confessionnal, Jacques tend l'oreille, baisse la tête ; soudain, il blêmit. Ce qu'il apprend lui fait mal, très mal, presque physiquement mal. Pierrette livre à son époux un terrible secret sur lequel jamais le voile ne sera levé. Un secret sourd, lourd. D'un coup, Jacques s'affaisse.

Jusqu'à présent, à l'exception de Gérard Droniou, le fils naturel, nul ne s'est permis de commenter ce secret de famille. Son opinion tranche : « À ce moment, il n'y a ni décès ni accident dans la famille. Pierrette lui parle-t-elle d'elle, de leur fille Véronique ? Je note que c'est à partir de ce moment-là qu'il répond aux deux lettres que le frère Thomas, l'ami de Pierrette, lui a écrites lors de son incarcération un an plus tôt. (...) Quelle est cette révélation si grave, si douloureuse, "touchant à certaines choses de famille" dont il ne donnera jamais le contenu ?

« La réponse se trouverait-elle dans le troisième journal que détient Léopold Baudet, le fils de Paul, l'avocat de Jacques, celui que je n'ai jamais lu ? Une révélation qui semble très inavouable, car on ne voit pas très bien ce qui pouvait l'empêcher d'en parler dans son journal intime, si ce n'est une gravité indicible ! Quelque chose que personne jamais ne doit savoir. Ma conviction profonde est que cette révélation ne me concerne pas. Puisqu'il parle de moi plusieurs fois, il était facile pour mon père de lever le secret de cette entrevue. Or il ne l'a jamais fait. C'est un secret qu'il était condamné à emporter dans sa tombe. Je suis certain que cela ne me concerne pas, comme je ne me suis pas trompé en pensant depuis tout petit que "mon père" était mort. Puisque cette révélation d'ordre familial lui a été faite par Pierrette, s'il s'était agi de moi, je ne vois pas pourquoi Pierrette ne l'aurait pas dit dans l'une des interviews qu'elle a données plus tard, d'autant que j'avais disparu dans les méandres de l'Assistance publique et que tout le monde, dans la famille, était sûr que j'étais adopté et que l'on ne me retrouverait jamais. À chaque fois que "mon père" m'a cité dans son journal spirituel, dans ses lettres, en même temps que Véronique, il n'a jamais évoqué d'immenses douleurs à mon propos, mais un souci très paternel que l'on me retrouve et que l'on prenne soin de moi. Je suis très étonné aussi que frère Thomas, qui a eu de longues correspondances avec "mon père", n'ait jamais voulu me rencontrer[1]. »

Dans son livre, Gérard explore ce moment décisif dans l'histoire de son père. Visiblement, c'est à frère Thomas qu'il attribue une responsabilité dans cette affaire secrète. Il nous apprend, ce que l'on ne dit pas d'ordinaire, que frère Thomas n'est plus frère, qu'il est redevenu un laïc et père de... sept enfants ! Qu'importe... Sa vie lui appartient et il l'écrit, comme nous tous, à l'encre sympathique, pour l'autre lecteur... Cependant, les silences de frère Thomas sont aujourd'hui insupportables. Gérard Droniou a essayé de lui parler, il s'est fait éconduire. Pourquoi tant de dureté à son égard ?

Avec le poids de son douloureux secret, Jacques s'en retourne dans sa cellule. Il coule au fond d'un trou noir, dans la spirale noire de la prison. Le désespoir s'empare de lui et l'enferme dans une tornade qui le torture et dont il n'arrive pas à sortir. Il est seul, abandonné aux fureurs de son propre silence, il pleure jusqu'aux premières lueurs du jour. Une rage terrifiante remplace la colère, il redevient prêt à tout, il songe même à s'évader. Les choses risquent de mal tourner.

Cette nuit-là, alors qu'il veille allongé sur son lit, les yeux ouverts, il souffre ; une souffrance indicible

1. Gérard Droniou, France Guillain, *Fesch, mon nom guillotiné*, éd. du Rocher, 2001.

qui fait couler des larmes de sang. Un cri éclate de sa poitrine, un appel au secours jaillit au-delà de lui-même, il hurle : « Mon Dieu ! » Une voix à l'intérieur de lui-même répond : « Tu reçois les grâces de ta mort. » Au moment de ce cri, un vent violent s'engouffre dans sa cellule sans qu'il sache d'où il vient. L'esprit du Seigneur le prend à la gorge, selon son aveu, et il ressent une impression infinie de douceur, difficile à supporter trop longtemps. À partir de ce moment-là, il se met à croire avec une conviction inébranlable, qui ne le quittera jamais plus. (JP)

Cette phrase énigmatique, « Tu reçois les grâces de ta mort », phrase terrifiante et contradictoire, il ne la comprend pas sur le moment ; mais cette incompréhension cède devant l'immense paix qui l'habite, une paix rayonnante et transfiguratrice. Il est converti ! La chose ne s'est pas accomplie simplement comme le jour se fait après la nuit. Il a fallu du temps, et un temps qui ne se calcule pas à la mesure des chronomètres. À partir de cette nuit éclairée, il connaît des hauts et des bas, des nuits noires comme le doute et des jours gris comme l'indifférence.

Son histoire spirituelle colle au procès. L'ombre de la guillotine plane sur le déroulement de cette histoire. Un seul ignore qu'il risque vraiment de mourir coupé en deux : Jacques ! Il ne sait pas cette évidence connue de tous les truands : le meurtre d'un flic, c'est inéluctablement le couperet. Il espère s'en tirer avec une longue peine. Son idée, c'est qu'il sera « jugé avec le maximum d'indulgence. Si tout se passe bien, écrit-il, j'attraperai vingt ans, autrement perpétuité ». (LÉ, p. 54)

Le procès met son évolution durement à l'épreuve. Car tout procès, quelle que soit la répulsion causée par le criminel, est un zoo humain effrayant où s'exposent les pires espèces — fières, en plus : le juge, l'avocat, le policier, l'expert, le procureur, le journaliste, et j'en oublie...

Le juge joue un drôle de rôle dans ce zoo, il est Zorro, l'irréprochable, le peseur punisseur ! D'où tient-il ce talent tueur, ce savoir écrasant ?

L'avocat plaide ici, plaide là, au nom de la rhétorique, ce formol des sentiments ; il change de cause comme le commerçant l'étiquette d'un produit. Son ego d'abord : je parle, donc je suis...

Le procureur ? Il est toujours pour le châtiment, il aime châtier...

L'expert sait toujours tout et on le croit sur parole d'expert...

Le journaliste raconte du bon côté, il est le prêcheur peinard, le moraliste mensualisé.

Le policier arrête. Il est le seul à être nettement ce qu'il est.

Jacques souffre des péripéties du procès : la cassation de son instruction, un changement de juge et de prison, le passage d'un juge courtois à un juge grossier, enfin un retour au premier juge, à la prison de la Santé.

La vie aussi met à l'épreuve sa foi.

La mort de sa mère, aux obsèques de laquelle il ne peut assister.

Toutes ces vicissitudes ne changent rien, il est désormais en amitié avec Jésus.

Il écrit alors au mystérieux frère Thomas : « Je suis confus de n'avoir pas répondu à ta longue lettre de l'année dernière, mais à ce moment-là, je ne ressentais pas ce que tu m'écrivais. Maintenant je crois et j'ai confiance en Dieu. Merci du fond du cœur pour tes nombreuses prières et que ce petit mot t'apporte un peu de joie... Ton frère en Dieu, Jacques. » Frère Thomas lui écrira en retour de nombreuses lettres, dont on ignore le contenu.

En même temps, Jacques tient un journal dans lequel il parle à un interlocuteur invisible ; sous la menace de mort, il construit une œuvre sereine qui répond aux angoisses modernes. Ce jeune homme hier encore immature atteint rapidement les sommets d'une maturité étonnante, il dit des choses simples sur la vie, l'amour, la mort, des choses si belles, si bonnes, qu'elles touchent le cœur. Il dit comment ne pas rater sa vie, lui qui croyait l'avoir ratée ! On entre là dans un mystère d'amour, d'amour de Dieu, un mystère paradoxalement humain et divin. Comment un incroyant pourrait-il mesurer la longue route parcourue par un homme ordinaire dans l'exiguïté d'une cellule pour parvenir jusqu'à Dieu ? Un possible condamné à mort, un assassin qui se convertit, un voyou qui voit Dieu, c'est hallucinant !

Les croyants ont du mal à y croire : cet homme-là est-il fréquentable ? Les athées voudraient bien y croire, mais ils sont athées, alors ils n'y croient pas...

Les uns et les autres discuteront. Peu importe... Le cliché du pari de Pascal ? Ce pari n'intéresse pas Jacques pour une bonne raison : il est persuadé qu'il ne sera pas condamné à mort. Et quand bien même il aurait été convaincu du contraire, les condamnés à mort qui se sont convertis se comptent, à travers les siècles, sur les doigts d'une main de bourreau.

Le cliché de la religion, refuge des relégués ? En quelque sorte, pour les esprits dits forts, Jacques se serait converti par... distraction ! Pour trouver un interlocuteur qui soignerait son abandon... Cela n'est pas, et même si cela avait été, en quoi sa démarche en serait-elle discréditée ?

Rares, très rares sont les détenus qui trouvent en prison la volonté de changer de vie, tant ce lieu de banalisation du crime est calamiteux par la justification qu'il accorde au crime. Le fait de faire vivre ensemble des êtres qui ont en commun la transgression, sans qu'aucun effort pédagogique ne soit mis en œuvre pour condamner moralement le crime, les justifie collectivement dans le crime. Il existe dans les prisons une sous-culture du crime. Jacques n'en était pas dupe, qui avait écrit : « Il y a une espèce de réflexe d'autodéfense qui amène l'esprit à envisager la riposte dans des voies qui n'ont rien d'évangélique. » « Il faut être ici pour comprendre à quel point l'incarcération peut être néfaste à l'individu. » (LÉ, lettre du 26 août 1956)

Il faut écouter Jacques parler de la prison : « Je pense que si on retirait un moine de son couvent pour le transporter pendant une dizaine d'années en prison, à la fin de ce temps, il ne resterait pas grand-chose du moine original et j'aime mieux ne pas approfondir la métamorphose. (...) Il est vrai qu'on n'a jamais eu l'intention de faire des saints avec des bandits. Et pourtant ! Ils sont moins loin de Jésus que bon nombre de soi-disant bien portants. » (JP, p. 135)

La prison n'est donc pas un lieu de conversion : la statistique de la récidive règle rapidement la question. Alors, que cela plaise ou non, Jacques Fesch, *alias* l'assassin, le voleur, le débauché, le cynique, le cruel, s'est tourné vers Dieu qui ne s'est pas détourné ; ou est-ce Dieu qui s'est tourné vers Jacques qui ne s'est pas détourné ?

Quelle fréquentation dans une prison !

Une drôle de fréquentation

Jacques attend depuis des mois, des années, presque trois années maintenant. Il attend d'être jugé...

Ce temps pénible, il l'a consacré à se désabrutir, à chercher Dieu.

Il a fallu lutter contre les faiblesses de sa volonté, contre cette impotence qui a marqué sa vie d'homme libre, qui l'a empêché de réaliser ses projets, le faisant échouer dans le travail que son beau-père lui confiait, l'amenant à dilapider l'argent que sa mère lui avait donné pour qu'il se remette à flot, l'assujettissant à ses pulsions jusqu'à la violence.

Il s'est forgé une volonté nouvelle, un autre caractère : « Souvent nous arrêtons de progresser parce que nous refusons de tout donner. Il arrive un moment où nous disons non ! Peut-être même sans trop nous en rendre compte. Ainsi, moi qui fume encore une dizaine de cigarettes par jour, j'estime qu'il n'y a aucun mal à cela, et en fait, il n'y en a pas. Seulement, en fumant, je fais la preuve que je préfère le tabac à l'amour de Jésus. Ce n'est pas qu'une cigarette puisse avoir une importance quelconque en soi, mais j'en ai tellement envie que si j'avais la volonté de m'arrêter et que je le fasse, ce sacrifice serait très agréable à Jésus (...) Il ne faut pas voir l'importance du sacrifice dans la chose sacrifiée, mais dans le prix que nous y attachons. (...) Alors, courage ! Avec un peu de volonté on arrive à tout ! Il y a dix jours je fumais vingt cigarettes, maintenant dix et la semaine prochaine... peut-être plus du tout ! Je voudrais bien, j'ai si peu de temps devant moi !... » (JP, p. 130)

Avec l'aide de Dieu, il s'est construit en prison un autre caractère. Et quel caractère !

Le malheur qu'il a causé est né d'un écœurement, du mal de vivre sans idéal, d'un nihilisme absolu. Aucun amour ne l'avait structuré. Sa mère, comme tant de mères, l'avait aimé d'un amour complaisant envers toutes ses faiblesses. Il était son fils, sa chose, sa possession virile !

Son père absent donna à son fils une idée veule, violente, vulgaire de la paternité.

Dans ce désordre affectif, causé par des parents qui se détestaient conventionnellement, Jacques croyait qu'il n'existait qu'un seul remède au mal de vivre : l'argent.

Ainsi, son exemple suit point par point l'éternelle recette pour fabriquer des délinquants : des parents qui se battent et qui distribuent du faux amour, de fausses promesses de vie et du mépris. En ce sens, Jacques demeure un représentant typique de ce siècle de fous. Une phrase de lui révèle tout du drame dont il a été l'acteur : « Un rien aurait pu me sauver. » Oui, un rien aurait pu le sauver. Un rien, c'est parfois beaucoup...

Faute d'avoir rencontré ce rien, Jacques trouve le grand tout à l'intérieur de la prison : Dieu ! Mais pas n'importe quel Dieu ; un Dieu chrétien, dont le fils, lui aussi un repris de la justice humaine, le touchera au plus haut point.

Extraordinaire lien entre le larron et le Christ !

Ce Christ carcéral, il l'a rencontré par la simplicité : « J'essayais de croire, dira-t-il, par la raison, sans prier, ou si peu ! Et puis... j'ai possédé la foi, une certitude absolue. J'ai cru, et ne comprenais plus comment je faisais pour ne pas croire. » (LÉ, 8 juin 1955.) Et il se met à prier !

Comment arrive-t-il à cette simplicité ? Prier est l'acte le plus simplement compliqué. Jacques y parvient, il s'abandonne et fait confiance, au point, quand le soir avance, « d'aller se réfugier dans la prière ».

Sans le secours de la grâce (comment nommer cette intervention qui soudainement change tout ?), une mutation aussi radicale aurait-elle été possible ? D'autant qu'en même temps, Jacques redoute « toute sa perversité naturelle » (LÉ, 21 décembre 1955).

Jacques se transforme en moine des prisons. Il entre en relation spirituelle avec frère Thomas lorsque tombe le soir, à 19 heures. « Plongé dans l'obscurité, je termine ma journée en récitant les complies du dimanche. » (LÉ, 5 décembre 1955)

Grâce à la prière, il lance, par-dessus les toits de Paris, une communication spirituelle avec le frère Thomas. Il s'insinue dans la vie monacale, métamorphosant sa cellule de droit commun en cloître de franciscain, en abbaye cistercienne, en monastère minuscule.

Chaque matin, à 8 heures, comme le faisait Bernanos au Mexique, il lit la messe. Il essaye, selon son expression, de rester « le plus longtemps possible en conversation avec Dieu », par la méditation et la prière. Il lit beaucoup, surtout la Bible. Il communie tous les jours et se sent profondément en paix. Du fond de son puits perdu, il se pose de rudes questions. On a l'impression à distance qu'il se les pose toutes pour nous, comme s'il savait que viendrait un moment vital où nous aurions besoin des réponses !

Il ose se demander si la joie est indispensable. Comment peut-il se poser une telle question dans un lieu de détresse qui bannit toute joie, toute espérance ? Que vient faire la question incongrue de la joie dans la tristesse organisée ?

La réponse qu'il apporte demeure réconfortante, thérapeutique, même pour nous, les neurasthéniques d'un siècle gavé : « Lorsque la joie me quitte, dit-il, je me sens tout désemparé et c'est à ce moment-là que le vieil homme remonte en moi avec une force prodigieuse ! Tout ce que je croyais loin derrière moi, je le retrouve devant moi avec la même virulence qu'avant et sans même la moindre atténuation question gravité... Toutes mes prières ne sont que demande de force et de joie. » (LÉ, 21 décembre 1955)

Quelle leçon pour les sinistres bigots ! Quelle joyeuse instruction pour toutes ces faces de carême qui transforment le vin en eau, l'Église de la joie en une Église de la mortification ! Jacques Fesch trouve donc dans la joie la recette radieuse des grandes transformations intérieures.

Cela rejoint la légende de Don Quirido, racontée par le docteur Victor Pauchet dans son livre *Le Chemin du bonheur* : « Le vrai bonheur consiste à être content de tout, à ne voir que le beau côté des choses, à ne dire de mal de personne, à se montrer bienveillant vis-à-vis de tous, à ne critiquer, jalouser ni envier qui que ce soit, à accepter les événements sans maugréer, à montrer toujours un visage souriant et à chercher à répandre la joie autour de soi.

« Au XVe siècle vivait à Valladolid un jeune hidalgo nommé Don Quirido. Il avait le cœur chaud, facile à embraser, un cœur de Castillan. L'ardent jouvenceau vint à rencontrer une charmante jouvencelle aux yeux de braise. Aussitôt, il prit feu. La coquette de son côté se plut à attiser la flamme. Elle l'attisa jusqu'au jour maudit où, croisant le seigneur de la plus haute importance, elle fit la pirouette, sans la moindre révérence.

« Don Quirido en conçut un tel dépit qu'il songea sérieusement à se donner la mort. Un ami se trouva fort à propos pour l'empêcher et le persuada qu'il devait se contenter de mourir au monde. Il s'en fut au fond d'un cloître. Dans l'air confiné, le brasier s'éteignit et le calme sembla revenir. Cependant Don Quirido était triste, car tout était triste autour de lui. Il ne rencontrait que visages austères et regards sévères. Un soir qu'il était plus triste encore qu'à l'ordinaire et se laissait aller jusqu'au désespoir, un ange radieux lui apparut :

« — Don Quirido, calme-toi, lui dit-il. Tu peux retrouver la joie sur terre et te l'assurer dans les cieux. Rien n'est plus facile. Je puis t'offrir le talisman.

Promets-moi simplement de te conformer pendant six petits mois au précepte que je t'indiquerai.

« — Bel ange du bon Dieu, je te promets d'avance tout ce que tu voudras. Je suis sûr de moi, car j'ai la ferme volonté de tout faire pour sortir de cet état qui assombrit ma vie.

« L'ange lui tendit un miroir :

« — Sache, lui dit-il, que ce miroir est semblable au monde, qui, lui aussi, se borne à nous renvoyer l'image que nous lui présentons. Tu te plains que le monde te fasse la triste figure. Regarde-toi : as-tu l'air gai et aimable ? Souris et le monde te sourira.

Le jeune moine sourit. L'ange continua :

« — Don Quirido, fais-moi le serment de sourire ainsi chaque matin devant le miroir, de conserver ton sourire tout au long du jour pour le provoquer autour de toi.

« Don Quirido tint bon et respecta son serment.

« En peu de temps, le monastère se convertit à la joie.

« L'Inquisiteur trouva que la joie était contraire à la discipline et fit brûler Don Quirido. Les moines accompagnèrent Don Quirido à son supplice par des chants ; le supplicié chantait à pleins poumons et rayonnait de joie. Onze moines le rejoignirent dans le bûcher. Le Grand Inquisiteur en éprouva une rage si profonde qu'il mourut sur-le-champ.

« Son âme arriva au seuil du paradis en même temps que celle de ses victimes. Saint Pierre allait leur ouvrir les portes toutes grandes, mais l'Inquisiteur osa protester : d'un ton et d'un geste qui n'admettaient pas de réplique, il intima aux religieux d'avoir à se diriger vers l'enfer. Saint Pierre, impressionné par la haute personnalité de l'Inquisiteur, entrebâilla pour lui seul la porte du paradis, tandis que les moines se dirigeaient vers le lieu des peines éternelles. Ils s'y dirigèrent en chantant et chantaient encore après avoir franchi le seuil de l'antre où l'on n'avait entendu jusque-là que pleurs et grincements de dents. En peu de temps, la joie contagieuse s'empara de l'enfer. Le bon Dieu, mis au courant, décréta :

« — Je leur pardonne, la joie et l'amour les ont purifiés !

« "J'envoie le Grand Inquisiteur en enfer où il méditera mes paroles : en vérité, je le dis, la vertu est toujours aimable et aimante. Si tant d'hommes lui préfèrent le vice, qui, sous des attraits riants, ne rapporte finalement que chagrins et misère, c'est parce que toi et tes pareils voulez toujours réprimer les joyeux élans de la vertu et la contraindre à porter le masque lugubre qui cache sa véritable physionomie et la pureté de son sourire conquérant. En vérité, en vérité, je te le répète, le jour où la joie et l'amour régneront sur la terre, le mal aura cessé d'exister[1]. »

Fou priant, fou chantant de Dieu, Jacques crie : « Y a d'la joie ! » Personne plus que lui ne se sait pécheur, mais il sait aussi que nous le sommes tous et que le pire des péchés est l'hypocrisie.

Un sourire ne peut-il être une prière ?

---

1. Victor Pauchet, *Le Chemin du bonheur*, éd. Oliver, 1930 (nouvelle édition Roudil, 1985).

Par son hymne à la joie, Jacques le reclus annonce, comme Don Quirido, que ce ne sont pas les têtes de mort qui promettent la vie éternelle. À la joie, Jacques ajoute la confiance. « Confiance, confiance dans l'amour de Jésus... Je ne crois pas encore assez et ne croirai jamais assez. C'est la confiance et rien que la confiance qui doit nous conduire à l'amour. » (JP, p. 114-115)

Il se demande aussi si l'homme peut changer. Il se pose à lui-même cette question, tant lui semblent nombreux les changements qu'il lui reste encore à accomplir. La transformation chez lui s'est opérée lentement, difficilement ; il est passé d'un athéisme intransigeant à « la foi sincère la plus marquée ».

Il est passé de l'idée d'un Dieu vécu comme « une tradition sans importance » à celle d'un Dieu qui d'un coup « l'envahit tout entier ». Mais sa plus réconfortante confession, c'est qu'il y a loin de la parole aux actes : « J'ai reçu le principe, il me faut passer aux conséquences. Mon regard a changé, mais mes habitudes de pensée et de conduite n'ont pas changé : Dieu les a laissées où elles étaient. Il me faut me battre, adapter, reconstruire les installations intérieures, et je ne puis être en paix que si j'accepte cette guerre. » (LÉ, 11 février 1956)

Oui, l'homme peut changer, mais par « une exigence permanente de réforme personnelle ».

Les surhommes n'existent que dans les films, et encore... Il y a toujours le mot « Fin » !

Jacques dans sa prison connaît d'effroyables moments d'abandon. Une question le torture : comment a-t-il pu faire le mal ? « C'est terrible, disait-il, de savoir qu'on fait le mal et le faire quand même. Le péché m'a séduit et m'a fait mourir par le commandement même. Je n'ai jamais aussi bien compris cette parole de saint Paul qu'en ce moment : "Je te ferai savoir ce qu'il faut souffrir par mon nom." Mais j'ai tellement peu confiance en moi, petit frère, je me connais tellement bien comme étant sans volonté aucune, tout de suite séduit par la facilité, vivant bien souvent dans une sorte de brouillard qui me cache la réalité, ne laissant apparaître que l'objet de mes désirs, que si le Seigneur ne me préserve pas de trop grosses tentations... » (LÉ, 30 mai 1956)

Voilà l'histoire d'un homme qui lutte contre la vieille bestiole qui le ronge depuis le commencement des nuits. Lutte difficile, simplement difficile. Elle est, cette lutte, le lot de tous les hommes qui cherchent à maîtriser « la riposte de la bête ».

« Ce n'est pas la sensibilité qui compte, dit Jacques, mais la volonté. » Cette volonté que Jacques appelle à la rescousse, il en a grand besoin... La prison l'a détruit, sa mère maladroite est morte, le procès arrive sur le dos des haines corporatistes et policières, il tourne en rond entre quatre murs gris, cependant il continue de plonger dans des trous d'air d'infini d'où il réussit à remonter chaque fois, chaque jour, fragile et fou ! Capable, comme tout un chacun, du pire et du meilleur.

La justice, enfin ! Il ne peut éviter de s'interroger sur elle. Qui juge-t-elle en vrai ? Qui va-t-elle juger ?

« Enfin voilà, petit frère, écrivait-il, il va falloir aller rendre compte aux hommes des actes que j'ai commis. Je n'espère pas beaucoup de la mansuétude humaine et m'attends un peu à tout. Le plus terrible, c'est que ces jugements sont toujours plus ou moins influencés par des conditions extérieures variables avec l'époque, les cas similaires, les exemples à donner, etc. On a un peu l'impression d'être jugé non pas pour des actes bien définis, classés dans leur cadre respectif, mais comme symbole d'une catégorie d'individus qu'il faut punir, en concrétisant cette punition sur la tête d'un coupable. Enfin, il en a été ainsi de tout temps. » (LÉ, 1er février 1957)

Il ajoute dans une autre lettre : « L'ambiance actuelle n'est pas bien fameuse du fait des pénibles histoires récentes, et il [Maître Baudet] craint un peu qu'on exige un exemple. Pour ma part, je n'y pense pas. Tous ces procès sont toujours des pièces de théâtre avec beaucoup de publicité et dont le dénouement est bien souvent "curieux". Je suis quand même heureux de passer en jugement pour être débarrassé de cette sinécure *(sic)*. Que la volonté du Seigneur soit faite ! » (LÉ, 4 mars 1957)

Jacques, évidemment, sera jugé par des juges ; ils jugeront l'apparence sociale, culturelle, gestuelle, usuelle de l'accusé ; apparence des lieux, des banlieues ; apparence des faits, endeuillés ou ensoleillés, selon l'angle ; apparences extérieures, la tenue, bonne ou mauvaise, la comédie, bien ou mal jouée ; apparence des âmes révélées par les experts psychiatres, ces manipulateurs salariés des secrets insondables.

Aucun juge, dans ce cas, ne se fatiguera à déchiffrer les apparences pour y découvrir l'autre vérité : jugé, emballé, c'est pesé ! Aucune oreille de juge ne cher-

chera à entendre les vrais mots rapportés par Jacques dans un brouillon :

« J'ai le sentiment de n'avoir jamais été libre, réellement libre de choisir une voie ou l'autre. Ma nature était faible, j'étais sans caractère, lymphatique, me laissant séduire par la facilité et ayant des besoins qu'avait créés une vie qui, sans être luxueuse, était suffisamment douce pour que je ne prenne pas contact avec la réalité plus dure qui est le lot de beaucoup. Mais ce qui m'a surtout, je crois, enchaîné à une certaine façon de voir les choses, c'est l'éducation que j'ai reçue. Je ne crois pas faire preuve d'indiscrétion en dévoilant ce qui a été crié sur les toits, à savoir que mes parents ne s'entendaient pas. Il en résultait une ambiance familiale abominable, faite de hurlements dans les moments cruciaux, et de gêne et de raideur après les crises. Pas de respect, pas d'amour. (...) Je savais depuis longtemps que je finirais mal, je pressentais très clairement que, le jour où il me serait donné d'être livré à moi-même, je serais incapable de réagir avec droiture ; j'étais inquiet, déséquilibré et fortement malheureux (...) Libre ? Non, je ne l'étais pas. » (JP, p. 25-26)

On doit s'interroger sur ce sentiment d'incompréhension ressenti par un accusé exemplaire ; en ce sens aussi, Jacques nous oblige à une réflexion sur la justice et les apparences. L'apparat de la justice n'est que l'aveu de son goût immodéré pour les apparences, ou pour mieux dire, selon l'expression chère à Leonardo Sciascia, pour le conformisme !

La justice va se donner quatre jours d'apparence et d'apparat pour juger l'assassin d'un policier. Et elle va soigner les apparences dans des conditions scandaleuses. On va le voir... Aucun cadeau ne sera fait ! La plus mortelle mise en scène va s'installer pour, comme dans un guet-apens, cueillir l'accusé au sortir de trois années d'attente.

Jacques lit l'Évangile, réfléchit à son procès et se dit que dans ce livre on trouve, tout de même, beaucoup de condamnations des juges et du fait même de juger...

Guet-apens

Automne 1956, l'heure sonne d'entrer dans l'arène où la mise à mort fait partie du spectacle — mais où les risques ne sont que du côté de l'accusé. Comme sur une affiche de théâtre, on trouve sur le « rôle » (l'affiche judiciaire est appelée ainsi — quel nom pour une comédie tragique : le rôle !) le jour, l'heure, le lieu, le nom des artistes (les avocats, les magistrats), le titre du drame, ici : *Jacques Fesch, assassin d'un policier*, peine de mort au programme.

Le jour du procès n'est pas un bon jour sur le calendrier du hasard. On vient de juger de jeunes meurtriers, des fils de bonne famille, qui ont tué pour de l'argent ! L'un a égorgé un antiquaire pour s'offrir une voiture, l'autre a tué la future épouse de son père à coups de démonte-pneus parce qu'elle lui reprochait sa vie dissolue et comptait lui couper les vivres.

Un jeune couple d'amoureux vient d'être assassiné dans le parc de Saint-Cloud par deux paumés qui voulaient leur voiture, une Peugeot 203, pour faire un hold-up...

Bonne ambiance, comme on voit !

Ces faits divers accréditent l'idée que cette jeunesse est capable de tout pour de l'argent. On glose à perte de plume sur la perte des valeurs de la nouvelle génération ! Les habituels prêcheurs des journaux irréprochables fustigent ces blousons dorés, dépourvus d'idéal, vautrés dans le luxe et criminels par vice. La presse, suivant le mouvement, se déchaîne.

Pierre Scize, un des grands chroniqueurs judiciaires de l'époque, ose écrire : « À nous lire, la foule forme son opinion. Nous lui donnons, préalablement à tout débat, une idée de la pièce et de ceux qui vont la jouer. En toute innocence, et — cela va de soi — sans l'ombre de parti pris et encore de méchanceté. C'est le métier. »

Les temps se prêtent à ces effets de flétrissure par l'écriture : la guerre d'Algérie, la honte de Suez, la Hongrie soviétisée, des morts partout... L'opinion publique a les nerfs à vif. Comme toujours, l'opinion publique est bon public, elle s'applaudit elle-même, se satisfait d'avoir raison, justifie ses rancœurs, ses aigreurs, ses haines. Et l'écriture officielle prend le relais quotidiennement.

Le procès de Jacques a été avancé du 8 au 3 avril. Pourquoi ce changement de date ? Quel événement peut modifier le cours qualifié de souverain de la justice ? Tout simplement la venue de la reine d'Angleterre à Paris, capitale du charme, du tact. Faire voisiner, dans l'actualité, une tête couronnée avec une tête destinée à la guillotine : quelle faute de goût ! La reine et le triste sire en même temps, c'eût été inconvenant ; disgracieux est le mot.

C'est la version officielle, celle des bonnes manières, du savoir-vivre à la française ; il existe, en réalité, une autre version, et l'hypocrisie des magistrats dans leurs explications est indigne : en réalité, ils craignent que la publicité du procès Fesch ne souffre de la concurrence faite par la visite de la reine d'Angleterre. Les modestes fastes judiciaires ne peuvent rivaliser avec les somptueux fastes royaux. Chacun veut qu'on parle de lui, quelle que soit sa petite place... C'est médiocre, mais c'est vrai. Le principe d'autosatisfaction régit aussi les juges, épris souvent d'eux-mêmes, comme l'avait constaté Voltaire.

Mais il y a pire que la complaisance narcissique : les policiers viennent de menacer, si l'assassin de leur collègue n'est pas condamné à mort, de se mettre en grève à l'arrivée de la reine Élisabeth. C'est un chantage odieux, une prise d'otage judiciaire. L'opinion est mobilisée contre l'accusé. Le procès, dans un pays de justice, aurait dû être reporté. La honte des juges d'alors est d'avoir accepté de juger dans ce contexte de pression, sous les cris des syndicats de police et sous la menace de l'opinion. On la retrouve toujours, l'opinion, cette vieille salope saoule de haine inassouvie. Elle a, en ces jours de procès, sa grande gueule béante ouverte sur une avidité de mort. Aucun juge n'aura le courage de refuser de juger dans un tel contexte, juges donc aux ordres des syndicats de police, au pied, superbes toutous d'hermine !

Dans sa cellule, Jacques se prépare à aller rendre des comptes. Il n'espère pas grand-chose de la mansuétude des hommes, a-t-il écrit[1], et s'attend un peu à tout et à n'importe quoi. Il est nerveux, préoccupé, puis étrangement calme. Il a peur de bafouiller, de n'être pas naturel, de donner de lui une fausse impression.

Quel que soit le crime dont un homme doit répondre, les juges devraient toujours se rappeler que le théâtre judiciaire est fait pour eux, pour leur superbe, pour leur déguisement noir, rouge et peau de lapin ; qu'il est fait pour l'exaltation de leur ego et jamais, jamais pour l'accusé. Lui, il est l'étranger, étranger de langage, de mœurs, de gestes, de manières, de ton, de tout ! Ces lieux sont effrayants de pompe, ces visages de gravité flattée.

L'accusé est ébloui de frousse.

La salle de la cour d'assises de la Seine est vaste, pesamment décorée, impressionnante sous sa solennité. C'est de l'Ancien Régime d'antiquaire dans une république de parvenus qui ne cessent de singer les grands seigneurs. Une tapisserie représente un lit de justice tenu par Louis XIV enfant, sous la régence d'Anne d'Autriche. L'enfant royal semble un rebut oublié là par une sage-femme négligente. De lourds plafonds à caissons écrasent les têtes. Laide et poussiéreuse, voilà la salle des assises. Laide et poussiéreuse, mais pathétique. C'est dans ce décor ridiculement rigoureux que Jacques va être, au nom du peuple français, jugé. Il y a foule, celle des journalistes, des experts, des témoins, des familles, et surtout, indescriptible, multiple, celle des curieux

1. *Cf.* p. 129.

réellement curieux. Des petites gens qui se poussent, se bousculent pour conquérir une place au spectacle judiciaire, pour voir en vrai de l'horreur et du malheur, des pleurs et des peurs, des passions et des afflictions et, peut-être, avec un peu de chance, la mort qui plane au-dessus de la tête de l'accusé.

En plus, toute cette épouvante est vraie, réalisant ainsi le rêve de toutes les chaînes de télévision, du vrai viscéral, irréprochable, moral, judiciaire, offert en direct, en prise directe avec la mort possible.

À l'époque de la peine de mort, la cour d'assises est le spectacle sanglant, le cinéma du pauvre, la distraction des honnêtes gens. Aujourd'hui la guillotine ne guillotine plus, on lui a coupé le cou et on peut faire appel des verdicts des cours d'assises. En ce temps-là, pas très lointain, on guillotinait sans appel, sans état d'âme, sans peur et sans reproche. Aux juges de ce temps-là qui se croyaient parfaits de s'expliquer devant le grand juge... sur la relativité du bien et du mal institutionnels !

Le premier de ces juges parfaits qui jugeront Jacques est le président Raymond Janin. Il est flanqué de ses deux assesseurs, les conseillers Thibault et Haupert, les muets, les immobiles, qu'on appelle en argot les potiches.

Janin est grand, longiligne, élégant. La robe rouge et noire lui sied à ravir, elle souligne sa classe d'homme du monde qui aime à fréquenter les hautes sphères de la société. Il se dégage de son visage un air d'autosatisfaction qui confine à l'extase. Un je-ne-sais-quoi de mépris diffus pince ses lèvres. Les courtisans de sa cour d'assises disent qu'il a un masque d'empereur romain : Néron ? Caligula ? D'autres, beaucoup plus nombreux, le présentent comme un magistrat mondain, ambitieux et toujours favorable à l'accusation. On lui reconnaît cependant une parfaite connaissance de ses dossiers et un art de conduire les débats. Il s'exprime sur un ton vertueux et, quand besoin est, sur un ton scandalisé. Il a une voix de conscience comme d'autres ont une voix de tête.

Le deuxième acteur, le chasseur de têtes, est M. Suduka. Sa robe rouge est ceinte d'une ceinture noire, mais il n'est pas judoka, M. Suduka, il est avocat général. Avant de servir l'accusation avec un zèle gourmand, il avait servi la défense, certes avec moins de zèle, sa vocation d'accusateur ayant été un temps contrariée. D'avocat, il est devenu avocat général ! Ces revirements n'ont rien d'extraordinaire, Suduka n'est ni le premier ni le dernier à changer de camp. La constatation qu'on peut faire est que les avocats qui deviennent magistrats sont rarement de bons juges, à supposer qu'ils aient été de bons avocats... Certes, il existe des exceptions.

Donc Suduka, ancien résistant, ancien avocat, la robe rouge clignotante de décorations, traîne une réputation de procureur punitif. Pourtant, il a une bonne bouille...

Mais il veut jouer son rôle dans la chasse à l'homme judiciaire. Il n'est pas le seul, on s'en apercevra vite. Et puis, c'est si bon d'être au grand jour du bon côté ; que sont les nuits ?

Le troisième acteur est inconnu, masqué : le jury, des consciences tirées au sort, à la roulette judiciaire. On compte neuf visages étonnés, intimidés. Un bricà-brac social : des comptables, un commis du trésor, un commis de banque, un cheminot, un cuisinier, un ingénieur des mines et un journaliste. Ils représentent la France qui juge. Ils vont, sous réserve de l'immense influence du président, juger librement un de leurs semblables. Bon jury, mauvais jury, qui sait ? Au hasard du tirage ! En tout cas, ces braves gens ont dans leur majorité un lien affectif et effectif avec les métiers de l'argent...

Le quatrième acteur, c'est le barreau.

René Floriot, un fleuron du barreau, représente la partie civile. C'est un tueur, une mécanique à convaincre que rien n'émeut. Physiquement, il ressemble à Guy Mollet, le socialisme en moins. Ses yeux, derrière de lourdes lunettes noires, pétillent de vivacité. Il nourrit deux passions qui se ressemblent, la chasse et son métier. C'est une belle intelligence au service d'une éloquence simple, précise, impitoyable. Il n'a qu'un credo, l'efficacité, la réussite.

Il est un marchand de résultats. La justice ? Il s'en moque comme de sa première condamnation à mort. C'est un cynique.

La seule chose qui compte, c'est de gagner, gagner ! Le prix de la victoire lui importe peu, il est souvent méchant, il aime être méchant ; même si ce n'est pas utile, c'est sa marque de fabrique. On dit de lui qu'il est le premier des modernes, en ce sens qu'il a tordu le cou à la rhétorique, qu'il se préoccupe peu de la forme, méconnaît les sentiments et s'oblige à l'apparence de la rigueur scientifique dans un domaine où elle ne peut exister.

Des faits, rien que des faits, même si les faits n'ont pas forcément l'allure de la vérité. Ses confrères le jalousent, il s'en fout ! Il sait que les avocats crèvent de jalousie devant toute forme de réussite, que ce métier narcissique rend fous ceux d'entre eux qui attribuent toujours aux combines des autres le succès qui ne s'agenouille pas à leurs pieds. On le déteste d'autant plus qu'il se fait photographier, accorde des interviews, passe même, summum de l'indécence, à la télévision.

Face au cynisme verbal représenté par René Floriot, l'angélisme oratoire représenté par Paul Baudet, l'avocat de Jacques, forme un contraste éblouissant. J'ai déjà évoqué l'homme, il est d'un autre temps, comme égaré dans cette profession de loups, une profession qui, cependant, n'avait pas encore été saccagée par un capitalisme socialiste qui transforme le juge en fonctionnaire tout-puissant, et l'avocat en homme d'affaires surmené. En ce temps-là, on avait encore les moyens d'être généreux et idéaliste, ces qualités n'étant pas encore l'apanage exclusif et subventionné des associations de service moral. On pouvait encore se mystifier sur un idéal de justice, du temps de Paul Baudet. La justice n'était pas devenue une sorte de Sécurité sociale corporatiste, un bureau de distribution des peines et des soins sociaux. Les magistrats ne s'étaient pas encore reconnu le droit de publier sur les affaires qu'ils avaient traitées des livres honteux, véritables abus de bien social puisque, sans les moyens de l'État et les pouvoirs conférés, ils n'auraient jamais pu les écrire.

Cela n'empêchait pas les excès et les injustices, mais, au moins, le justiciable n'avait pas le sentiment d'être consommé vivant pour la plus grande gloire médiatique et éditoriale du juge !

Un témoin, un cheminot des procès criminels, le chroniqueur judiciaire Pierre Scize, qui avait suivi le célèbre procès de Pauline Dubuisson, où Baudet avait été magnifique, a tracé son portrait.

Pauline Dubuisson avait assassiné son amant par passion, par jalousie, par haine. François Mauriac, qui avait suivi le procès, en avait tiré son héroïne Thérèse Desqueyroux.

Là, Paul Baudet plaidait contre René Floriot, là, Paul Baudet avait terrassé Floriot ! Il faut lire les lignes écrites par ce journaliste pour comprendre Paul Baudet :

« Il [Paul Baudet] ramassa cette morte profanée et l'éleva jusqu'à la lumière de la pitié. Il l'a fait magnifiquement. Il a surpris, c'est la règle des maîtres, avec ce qu'on attendait de lui. On dira qu'il a esquivé certains obstacles, et sauté à pieds joints pardessus de grandes difficultés. Ce n'est pas vrai. Il a refusé à sa cliente les arguments de la sensiblerie, il n'a pas voulu émouvoir. Il a choisi de convaincre. Il demanda pardon pour elle, mais ce fut après l'avoir expliqué. Il a cherché la vérité, même quand cette vérité lui était hostile. Il n'a pas blanchi la fille aventureuse que fut Pauline. Mais il voulut que la légende n'eût point de part dans l'idée qu'on pouvait se former d'elle, si sévère qu'elle pût être. (...) Pauline Dubuisson fut condamnée aux travaux forcés à perpétuité. C'est la peine la plus lourde qu'ait prononcée une cour d'assises depuis quarante ans dans des affaires analogues. Tant de soins, d'art, de pitié, furent dépensés en pure perte. Orphée n'a pas charmé les bêtes. Maître Baudet ne s'est pas conformé au précepte qui régit aujourd'hui sa profession : "Visez bas." »

Voilà l'homme sur la voix duquel repose le destin de Jacques.

Maître Baudet a une conception profondément chrétienne de son métier. S'il cherche à sauver son client du châtiment terrestre, ce n'est jamais au prix du sacrifice de son âme.

Il prend en charge le poids d'opprobre de l'accusé. Il croit en la rédemption. C'est un prêcheur qui parle à des pécheurs.

Peu d'heures avant de comparaître devant ses juges, à quoi pense Jacques Fesch, l'assassin de flic ? Il écrit : « Je suis un ver et non point un homme, l'opprobre des hommes et le mépris du peuple. Quand tu recevras cette lettre, je serai en train de passer en jugement. Prie pour moi, petit frère, ça va être très dur, non seulement pour moi, mais pour toute la famille. Enfin, que la volonté du Seigneur soit faite... "Ils ont ouvert leur gueule contre moi, comme un lion rugissant et déchirant." Le verdict sera rendu le mardi 9 avril, ou au plus tôt le samedi 6. Je vais en entendre de toutes les couleurs et, moi qui suis plutôt impressionnable, je me demande quelle contenance je vais avoir. Enfin, mercredi matin, je communie et je demanderai au Seigneur de m'assister tout spécialement pendant ces débats. Pour le moment, je me sens étrangement calme, mais j'ai bien l'impression que ça ne durera pas. C'est le calme qui précède la tempête. Pourvu que je puisse répondre correctement aux questions que l'on va me poser et que je ne me mette pas à bafouiller, comme font la plupart des inculpés. Le plus dur, c'est qu'il est pratiquement impossible d'être naturel, et qu'on arrive à donner une impression de soi-même des plus fausses. Enfin, que le Seigneur m'assiste et me protège. Ne t'éloigne point de moi car la détresse est près de moi, et il n'y a personne qui me secourt. » (LÉ)

Une grande lassitude étreint Jacques. Déjà, il est ailleurs.

L'heure a sonné

Jacques et ses deux complices, Criquet et Croquignole, encadrés par des gendarmes, attendent derrière la porte du prétoire. Ils devinent une rumeur que leur silence essoufflé amplifie : une rumeur caquetante. Le bruit du public qui s'installe pour le lever de rideau.

Les journalistes prennent place. Les grandes plumes flottent au vent de la vindicte. On voit Madeleinc Jacob, de *Libération*, qui finira ses vieux jours en errant dans le palais à la recherche d'audiences imaginaires pour des chroniques irréelles. On voit Jean-Marc Théolleyre, du *Monde*, qui finira ses jours dans des combats magnifiques contre la peine de mort, honnête et précis, jamais partisan. On voit Georges Sinclair, de *Combat*, Jean Laborde, de *France-Soir*, Frédéric Pottecher, qui n'était pas encore la grande vedette du petit écran, Stephen Hecquet de *Dimanche-Matin*. Ce journaliste là est particulier : il est avocat !

Une fois ces messieurs et ces dames de la presse enfin installés à leur poste de tir, le public peut entrer, ce bon vieux public antique et antipathique, gourmet du cirque judiciaire.

C'est la cour des Miracles d'assises, on voit de tout, un inimaginable mélange des genres, des modes, des mondes.

Ah ! Voir la tête de l'assassin, une tête qui tient à un fil de marionnette, dévisager un mort vivant, quelle sensation ! Elle participe de la peur, de la stupeur et d'une sensualité sourde, scabreuse.

Les familles des victimes et des accusés sont côte à côte dans une même douleur différente. La mère du policier tué est là, drapée de noir. Elle incarne le deuil.

La veille de l'audience, une cérémonie a été célébrée à la mémoire de Jean-Baptiste Vergne dans la cour d'honneur de la préfecture. Les journaux relatent l'événement et la photo bouleversante de la petite orpheline, sa poupée dans les bras, émeut comme au premier jour.

La police a su se rappeler au bon souvenir funèbre de la justice.

Dans la salle, on remarque de nombreux uniformes. Une atmosphère hostile, agressive, se dégage de ce mélange humain.

D'un coup, la rumeur faiblit jusqu'au silence.

L'huissier hurle d'une voix grotesque de solennité : « La cour ! » Tout le monde se lève comme chez Danone.

Le public assiste au garde-à-vous à l'entrée majestueuse des magistrats.

— Asseyez-vous ! lâche le président, dompteur de salle docile.

Chacun retient son souffle.

— Gardes, faites entrer les accusés !

Ils entrent menottés, on les démenotte.

Ils s'asseyent sur l'ordre sec du président. On les regarde, les scrute. Ils pèsent lourds, ces regards.

Au loin, sur une estrade, surélevé comme un cierge rouge, le président Janin ordonne à Jacques de se lever pour décliner son identité. Un grand garçon blond, vêtu d'un costume gris, au visage éteint, aux traits réguliers, se lève. Il baisse la tête. Quand il la redresse pour articuler son nom d'une voix douce, presque inaudible, on remarque ses yeux bleus, son regard infiniment bon. Criquet et Croquignole passent à leur tour par la douane judiciaire.

Puis, en application du rituel procédural, le greffier ânonne l'arrêt de renvoi, c'est-à-dire l'acte d'accusation. Ainsi, la cour et le jury, car seul le président connaît le dossier, prennent connaissance de l'affaire. Étrange procédé d'information qui livre une version accusatrice des faits. La plupart du temps, cette lecture est soporifique, inaudible. Enfin, là on comprend bien que Jacques est renvoyé devant la cour d'assises pour des faits graves, vol qualifié, meurtre d'un agent de police et tentatives d'homicide volontaire sur plusieurs victimes ; que Croquignole et Criquet le sont pour non-dénonciation de malfaiteur. Autant dire qu'ils ne risquent, eux, pas grand-chose.

Jacques ne cherche pas à se défendre, il ne cherche pas à s'en tirer, il cherche à dire la vérité... Tâche très difficile devant une cour de justice où les vérités doivent correspondre à la partition organisée par le dossier, où la moindre fausse note apparaît comme un mensonge.

« Il ne cache rien du tout, tonnera Frédéric Pottecher. Un homme qui ne cache rien dans un box de la cour d'assises, croyez-moi, c'est très rare... » Jacques Fesch fait un saut dans le vide de l'incompréhension humaine. Elle a ce jour-là le visage scrupuleux et lisse de Raymond Janin.

— Fesch, nous comprenons un peu votre situation, mais ce que je voudrais savoir, c'est la raison profonde qui vous a fait quitter la situation que votre beau-père vous avait donnée dans son entreprise.

— On n'avait pas confiance en moi. Et puis je voulais faire autre chose. Mon père s'était mis dans la tête que je pourrais vivre en vendant des napperons tissés à Tahiti ! Il m'avait décrit la chose sous les couleurs les plus attrayantes ; tout de même, j'ai trouvé cela ridicule ! Et pour moi, pris entre mes parents et ma belle-famille, il n'y avait plus qu'une solution : l'évasion !

— Vous vouliez vraiment faire le tour du monde ?

— Je voulais m'évader, oui... J'ai fait une commande à La Rochelle, chez un constructeur de bateau qui m'a établi un devis pour un voilier de deux millions deux cent mille francs.

— Mais vous n'aviez pas un sou ?

— C'est pourquoi j'ai pensé à commettre une agression.

— Vous ne saviez pas naviguer ?

— J'espérais apprendre, monsieur le président. Je ne voyais qu'une chose : sortir d'où j'étais.

— Vous auriez pu vous engager comme steward sur un transatlantique...

— Je n'y pensais pas... D'ailleurs, cela ne m'aurait rien dit.

L'avocat général attend impatiemment son moment pour marquer la chasse, montrer qu'il est là avec tout le talent qu'il s'accorde généreusement ; fier de son sens de la repartie, il lance :

— Il y avait d'autres bateaux qui partaient et qui auraient pu vous tenter : ils allaient vers l'Indochine...

Facile, Suduka. Le coup est bas, mais il porte. Ah ! La fierté de la formule, cette vanité sonore, c'est la plaie des plaideurs...

Jacques ne répond pas. Ces mots d'auteur judiciaire, ces frivolités de son le dépassent, il ne comprend pas. Au demeurant, qu'aurait-il pu répondre à une question aussi injuste ? Qu'il ne voulait pas faire la guerre, qu'il ne voulait pas tuer, qu'il avait peur de mourir, qu'il avait son Indochine ailleurs ?

Jacques essaie de dire sa vérité.

— J'étais arrivé au bout du rouleau. Je ne pouvais plus reculer. Chez le changeur, j'ai mis mon camarade devant le fait accompli. Je ne pouvais pas faire autrement...

Cette inéluctabilité du crime, avoué par Jacques comme une fatalité, n'incite pas le président à approfondir.

Janin ne s'intéresse pas au problème du mal, il ne s'intéresse qu'au problème de la culpabilité.

Criquet se lève et prend la parole :

— Monsieur le président, ce bateau, c'était notre histoire. Je ne croyais pas à l'agression, bien que nous en ayons parlé. Non, je n'y croyais pas ! J'avais appris peu auparavant que Jacques n'avait pas le sou. Je reconnais que ça m'amusait de voir jusqu'où il pourrait aller... C'est seulement quand j'ai vu le marteau et le revolver que j'ai réagi, que j'ai réalisé que ce n'était pas une blague. Et je me suis sauvé, je suis allé chercher un agent...

— Vous aviez une grande amitié pour Fesch ?

— Oui, monsieur le président ; je l'aimais bien, malgré tout ce que mon père m'avait dit de lui, notamment : « Ah ! Ton Jacques, c'est un oisif ! »

— Pourquoi avez-vous cherché à vous assurer la complicité de vos camarades ? demande le président qui revient vers Jacques.

— Parce que seul, je n'aurais jamais osé.

— Après avoir assommé le changeur, vous êtes parti. Vous étiez-vous rendu compte de ce que vous aviez fait ?

— Monsieur le président, je peux vous dire que j'étais affolé, mais j'avais encore ma tête à moi. Je suis sorti de la boutique et j'ai marché dans les rues comme un somnambule. On a dit que j'étais calme. Ce n'est pas vrai. J'étais dans un état de panique. Et vraiment, lorsque dans l'immeuble du boulevard des Italiens j'ai tiré sur l'agent de police Vergne, je n'ai pas visé. Je n'en étais pas capable ! Non, pas capable...

La salle sursaute, s'indigne.

La question essentielle est là. Cette balle tirée en plein cœur, ce carreau dans le cœur, Jacques l'a-t-il voulu ?

Il a tout avoué, tout reconnu, tout assumé, mais il affirme n'avoir pas visé l'agent de police. Ces secondes mortelles, il ne peut pas les revisiter ; il a vu une ombre, une masse, il a tiré au hasard. Tout cela s'est passé en dehors de sa volonté...

— Je ne sais pas, dit-il, je ne sais plus, je mourais de peur. C'est mon subconscient qui a tiré, je ne vivais plus.

L'avocat général, toujours à l'affût, méchamment futé, ne peut réprimer l'expression de son sens de l'à-propos dont il est si fier :

— Il y en a un autre qui ne vit plus, c'est l'agent de police Vergne, que vous avez tué...

Sans l'avocat général, aurait-on oublié la mort du policier ?

En fait, il a indiscutablement raison... Mais est-il borné au point de ne pas comprendre que le vécu d'un drame est imperméable à toute autre circonstance ? Jacques insiste sur sa réalité psychologique, sur son état d'esprit au moment du meurtre. Il se rend compte que toutes ses explications tombent à plat. On s'en fout ! De toute façon, il a tout avoué, alors !

Et voilà Floriot qui fulmine. Il ne va tout de même pas laisser l'avantage à l'avocat général ! Chacun son tour de piste dans la sciure du cirque judiciaire.

— Parlez donc plus haut ! On dirait que vous avez peur qu'on vous entende ! On comprend que vous n'êtes pas fier de ce que vous avez fait ! Tuer un gardien de la paix qui veut vous empêcher de commettre un assassinat, et qui vous fait les sommations d'usage, c'est grave !

« Allons donc, vous avez ajusté calmement et tiré en plein cœur !

Comment Floriot ose-t-il assener un pareil mensonge ?

Pourquoi le président qui doit faire régner l'objectivité dans les débats n'intervient-il pas ?

Ajuster calmement ? Le coup est parti à travers la poche de l'imperméable ! Jacques, en outre, est myope, et il n'avait pas ses lunettes au moment du coup de feu !

Les mots de Jacques tombent sur un sol de haine qui les assourdit aussitôt.

Du fond de sa solitude sonore, Jacques se répète les quelques mots recopiés à la hâte dans son journal : « Malheur à vous, docteurs de la loi, qui chargez les hommes de fardeaux qu'ils ne peuvent pas porter, et que vous-mêmes ne touchez pas du bout des doigts. »

On remarque, par-dessus la haine, les regards que Jacques lance à la mère de sa victime, des regards implorants.

Un procès peut durer plusieurs jours, les faits ne changent pas. En revanche, l'opinion sur l'homme peut évoluer.

Jacques étonne les journalistes. Il offre le visage d'un jeune homme résigné, prêt à accepter son sort, assumant ses fautes, regrettant le mal fait à autrui, digne. Cette dignité de la vérité impressionnera non seulement Frédéric Pottecher, mais également Roland Bochin, du *Figaro* : « Dangereuse franchise... Indéniable loyauté. L'accusé n'a point cherché de vaines excuses et une atténuation de sa culpabilité.

Mais il s'est montré glacial. L'évocation de son crime l'a laissé impassible. »

Il s'est montré glacial, mais il ne l'est pas. Encore une fois, le jeu des apparences est le plus fort. Le plus innocent, le plus repenti est toujours l'artiste qui joue le mieux la comédie de l'innocence et du repentir. Or, Jacques n'est pas un comédien, il n'est pas expansif, il ne sait pas crier son regret, sa honte, sa tristesse. Il dit la vérité !

Cette dignité de la vérité ne laissera personne indifférent. Les plus endurcis des journalistes ressentent quelque chose d'inhabituel chez ce criminel : le détachement. Les superficiels y voient de l'insensibilité, les profonds, les humanistes, comme Frédéric Pottecher, y décèlent une âme qui vole ailleurs.

Le président Janin, lui, vole bas, à la hauteur des faits. C'est son métier. Les faits sont accablants, si on les regarde dans leur linéarité, comme la trajectoire d'une volonté criminelle têtue. Il suffit de réduire l'homme à son acte, d'oublier le reste, l'histoire, le hasard, la faiblesse, l'humain.

Mais la mort a saisi l'humain et nul, dans cette cour d'assises, ne veut comprendre le diabolique enchaînement des faits qui transforment malgré lui un jeune rêveur en tueur.

Des hommes honnêtes

L'audition des témoins est censée informer les jurés qui ne connaissent rien du dossier. Ils font revivre le drame. On appelle cela l'oralité des débats. Ils donnent la parole à une histoire sans parole.

La manière dont le président les questionne en dit long sur son impartialité. Le questionnement de Janin est, sous des dehors patelins, à charge. Il appelle les réponses sévères, qui noircissent Jacques. Il insiste sur les détails accablants, revient sur les circonstances aggravantes, relayé par l'avocat général. À tel point que Jean-Marc Théolleyre s'indigne : « Ce n'est plus un procès, écrit-il dans les pages du *Monde*, c'est un règlement de comptes à froid. (...) Il faudra bientôt croire que Jacques Fesch, dès sa naissance, a prémédité non seulement son agression, mais surtout le meurtre de l'agent Vergne. » Un règlement de comptes à froid ? Quelle justice !

Comment va-t-il faire, dans ce contexte de haine polie, pour sauver sa tête, déjà offerte au syndicalisme policier ?

Les premiers témoins sont, du reste, des policiers, et non des moindres.

Le commissaire, Max Fernet, le patron, donne froidement son témoignage ; il veut montrer que la police sait rester impartiale dans le deuil. Pour lui, Jacques avait tout pour réussir, il a tout raté !

Moins scrupuleux, le commissaire Bégué laisse libre cours à sa vindicte. Il a recueilli les premiers mots de Jacques Fesch et, pendant quarante minutes, il va imposer ses impressions : « Au commissariat, je m'attendais à trouver un garçon abattu, bourrelé de remords. À ma stupéfaction, j'ai découvert un regard narquois, où il y avait presque du défi. Je dois reconnaître qu'il a eu une certaine franchise. Malheureusement, c'était avec quelque désinvolture. Il était vraiment très à l'aise dans son fauteuil ! »

Il ne s'agit pas d'un témoignage objectif ! Le commissaire n'est pas un peintre impressionniste. Que sait-il des sentiments de Jacques au moment où il l'interroge ? Les mots qu'il décoche blessent mortellement l'accusé : « narquois », « défi », « à l'aise », « désinvolture »... Mis en perspective d'un crime, ces mots rendent leur auteur odieux !

Pourquoi cette traduction haineuse d'une incompréhension ?

Jacques, encore une fois, essaie de s'expliquer : « Tout se passe comme dans un film accéléré. J'étais dans un brouillard. Je ne voulais pas être pris et je n'avais que cette pensée : tenir, tenir. C'est cela qui a fait croire à mon calme. »

Peine perdue, les policiers le clouent au pilori. L'un lui reproche même de fréquenter le Quartier latin, l'autre évoque la victime, et tous insinuent qu'il est un dangereux meurtrier.

La salle vibre à l'unisson de ces attaques.

Un témoin affirme que Jacques a visé l'agent Vergne. Paul Baudet s'insurge : « Un homme à qui l'on a crié : "Haut les mains !" et qui se retourne ne vise pas. » Cette remarque soulève une tempête de huées dans la salle. Trop de policiers sont là, maudissant l'accusé, pour que la justice puisse demeurer sereine. Ils sont le vivant reproche d'une profession qui risque sa vie moyennant quatre sous, un képi, un sifflet, et l'inimitié publique. Ce vivant reproche est sinistrement renforcé par l'entrée en scène du docteur Paul, médecin légiste, dépeceur en chef. Il a eu en mains, tourné et retourné depuis des années, les cadavres les plus célèbres. Il s'est illustré dans les affaires Landru, Petiot et bien d'autres qui figurent dans la galerie des monstres. Il s'est fait une spécialité littéraire de la description des corps morts de mort violente. Il ne manque jamais d'agrémenter ses dépositions d'allusions macabres dont le tout-Paris judiciaire raffole...

Aujourd'hui, il s'exprime sobrement : en effet, le mort est de la maison. Il précise seulement que Lenoir, le courageux Lenoir qui a essayé d'arrêter Jacques, a eu chaud ; il s'en est fallu d'un cheveu qu'il ne devienne un de ses clients ! S'il est encore en vie, c'est un miracle... Ce miracle fait mauvaise impression sur le jury.

Le corps médical se suit, mais ne se ressemble pas... Après le tripatouilleur des morts, voici celui des âmes, le psychiatre de service. Ils sont trois, en réalité, à s'être penchés sur l'histoire de Jacques :

Paul Gouriou, André Boutet, Georges Gentil-Perrin, trois anciens chefs de clinique. Que disent-ils ? Que nous apprennent-ils ? Rien ! Leur vision de la vie intérieure de Jacques condamne à tout jamais ces experts rudimentaires ; ils ont été incapables de rendre compte de l'extraordinaire évolution de l'accusé. Ils ne savent rien de lui, et qui plus est, ils ignorent qu'il tient un journal. Pour les experts, Jacques est responsable, pervers, irrécupérable ! Quelle perspicacité ! On les écoute religieusement : « Le sujet se présente correctement, il ne manifeste ni confusion mentale, ni idées délirantes, ni troubles psychosensoriels. C'est un sujet d'intelligence bien développée, entièrement exempt de troubles mentaux. Fesch vivait donc à sa fantaisie, allant chaque jour à ses plaisirs, avec sa Simca sport. Il lui fallait un yacht, et pour cela de l'argent. Il a décidé d'en voler et il a froidement combiné l'attaque du changeur. Tout cela n'implique qu'absence de sens moral et perversité. Il entreprend donc son coup et le reste. Il fuit avec son pistolet, se trouve en face d'un agent de police, et l'abat.

« On ne peut pas dire, évidemment, qu'il ait froidement calculé que cette réaction lui assurerait liberté et impunité. Dans ces circonstances, tout se déclenche automatiquement. Fesch reste pour nous un vulgaire jouisseur qui n'a reculé devant aucun moyen pour satisfaire sa soif d'argent. Il a, pour cela, eu recours à des moyens mélodramatiques inspirés de lectures malsaines et de cinéma. »

Voilà, tout est dit... La psychiatrie judiciaire vient de parler platement, comme si Freud n'avait pas existé, comme si l'inconscient n'existait pas, comme si Fesch n'allait pas devenir un saint... Pauvres psychiatres qui sont passés sans la voir à côté d'une âme unique, les idiots, les conformistes ! Ils se sont mis à trois pour ne rien voir... Aveugles ! Moralistes de pacotille clinicienne... L'âme de Jacques Fesch passionne aujourd'hui les intelligences les plus aiguës, elles s'interrogent sur l'évolution de ce criminel vers la grâce, sur son extraordinaire itinéraire spirituel. Il devient un modèle, et il n'était pour les experts qu'un « vulgaire jouisseur » ! Ah ! Les cons patentés, respectés, assermentés, décorés, crus sur parole, en plus des savants, savoir blanchi !

Après les professionnels, c'est le tour des occasionnels, c'est-à-dire des témoins directs des faits ; ils ont vu, touché, frôlé la réalité ; ils ont subi le choc des faits.

Ces hommes transportent toute l'émotion des survivants ; ils ont vu le sang, senti l'odeur de la poudre, ressenti la peur, couru après le fuyard, assisté à la mort d'un policier abattu dans l'obscurité d'une cour d'immeuble.

Mais avant l'entrée en scène des porteurs de faits, le président souhaite expliquer l'absence d'un témoin d'immoralité : Thérèse, la jeune fille séduite par Jacques peu de temps avant le drame, la mère de Gérard. Elle n'est pas venue. Le président lit sa lettre : « J'ai à peine connu Jacques Fesch et, de l'accouplement unique et brutal que vous connaissez, les suites ont été plus graves pour moi que celles généralement connues. Un enfant est né, la famille Fesch a été mise au courant (...) Elle ne m'a pas aidée ou si peu au moment de ma grande détresse (...) On pardonne à quelqu'un que l'on connaît, or j'ignore qui est vraiment Jacques Fesch et cependant, au fond de moi-même, je crois que je pardonne. »

En écoutant cette lecture, Jacques pleure. Un enfant est né... Cet enfant d'une nuit d'effraction charnelle paiera le prix fort du malheur. Gérard, le fils indiscutable de Jacques, sera abandonné par sa mère. Tout au long de sa détention et jusqu'à son dernier jour, Jacques pensera à son fils malheureux.

Pendant de longues années, Gérard ignorera le nom merveilleusement maudit de son père. Quand il saura, les portes claqueront à sa figure d'enfant de la D.D.A.S.S. ; ni Pierrette, ni Véronique, ni le frère Thomas ne lui ouvriront les bras. Quelle faute cet enfant injustement puni a-t-il pu commettre pour mériter tant d'injustice ? Pourquoi Pierrette a-t-elle exigé que les mentions concernant Gérard soient biffées de l'édition italienne du journal ? Cependant il figure dans la publication française du testament spirituel. C'est une juste chose !

L'anonyme, le fils sans tête de père, retrouvera plus tard, par d'extraordinaires jeux de signes, son origine bâclée. Il découvrira alors que son père l'a aimé, qu'il est le seul, du reste, à l'avoir aimé d'amour inconnu.

À ce moment où le président rappelle à Jacques qu'il est père d'un fils, il mesure sans doute, trop tard, l'immense responsabilité de ses actes jetés comme ça, à la va-vite, dans la vie des autres.

La vie n'efface rien, tout marque, tout compte, mais il n'y peut plus rien... Ses actes, au-delà de lui, prennent un sens tragique qu'il n'a pas voulu. Il n'a pas voulu tuer, il n'a pas visé, mais un homme est mort ; il n'a pas voulu rendre Thérèse enceinte, mais un enfant est né. Dans son journal, il parle, en des mots bouleversants, de ce fils inconnu dont il ignore qu'il est confié depuis trois ans à l'Assistance publique. Gérard, lui, sera l'orphelin de tout !

Mais il aura eu un père qui, dans le silence d'une cellule, l'a aimé d'un amour d'aveugle, sans jamais le voir, sans jamais le toucher, sans jamais le connaître. Un père qui, sans cesse dans son journal, supplie qu'on aime son fils, qu'on le protège, qu'on le sauve.

La lecture de la lettre de Thérèse a été vite faite par le président Janin, mais la rapidité de cette lecture n'empêche pas la réprobation sous-jacente qui murmure : ce Fesch est un sacré salaud... La petite Thérèse est bien gentille, mais lui est un monstre qui ne respecte rien.

La bête sexuelle ayant fait son tour, le président Janin fait entrer les témoins des faits. Le premier est le vieux Silberstein, le changeur mirifique ; il a l'air fragile, frileux, fauché, mais riche. Il parle calmement de ce qu'il a vécu ce soir-là ; il n'en rajoute pas. On tend l'oreille : « Je n'ai pas eu l'impression d'avoir affaire à un bandit, même lorsqu'il a sorti son revolver. C'est pourquoi j'ai essayé de le raisonner, de lui dire que j'étais un ancien combattant, qu'il allait faire une folie, qu'il avait la vie devant lui. Pendant une fraction de seconde, j'ai eu l'impression qu'il m'écoutait... Mais ce ne fut qu'une fraction de seconde et il a commencé de me frapper. »

C'est un vieux de la vieille vie qui parle là, qui a dû en voir, des vilenies, et qui essaye de ne pas confondre les enfants et les adultes. Sa déposition réinsère Jacques dans ce qu'il est alors, un funambule sur la corde du bien et du mal et qui tombe du mauvais côté sur un coup de vent.

À entendre les autres témoins, ceux qui jalonnent le périple de sa fuite, le fuyard aurait agi avec un sang-froid, une présence d'esprit, une rapidité qui réduit à quelques secondes la durée de la scène.

Les témoins des faits circonscrivent un périmètre qui va des coups à la mort. C'est tout, et c'est terrible.

Maintenant qu'on est bien certain que l'accusé principal est un ignoble personnage, on va feindre de s'intéresser à lui, de comprendre sa personnalité, d'approfondir sa vie, alors même qu'on l'a déjà jugé. C'est le moment des témoins de la défense, toujours suspectés de mauvaise foi, de mensonges destinés à embellir l'image de l'accusé. On les attend, on les entend avec des pincettes. Ils disent toujours la même chose évidente, mais que des siècles de procès ne feront pas entrer dans les cœurs : l'enfance ratée est le creuset des crimes ; une famille désunie, indifférente, un père d'un cynisme glacial, misanthrope, une mère faible, délaissée, battue, qui passe tous les caprices, c'est la recette du malheur.

Cette prédiction s'incarne dans le père Fesch, dont les témoins dressent l'horrible portrait d'un homme démoniaque, destructeur, négatif. Écoutons l'impression que le père Fesch produit sur Frédéric Pottecher, naturellement enclin à l'indulgence :

« On vit alors s'avancer, dans le prétoire devenu subitement silencieux, un homme très grand, voûté, noyé dans un immense pardessus qui lui bat les talons. Il s'approche de la barre en titubant comme s'il était ivre. Il n'a pas l'air d'un homme riche, mais plutôt d'un vieillard déchu, d'un clochard distingué. Il marmonne quelques phrases à peine intelligibles sans regarder son fils qui est à trois mètres de lui. Ce dernier, d'ailleurs, ne veut pas le voir. On entend enfin ces mots du père sur son fils :

« — C'est un pauvre type ; il est malheureux, vous savez. Mais avant, c'était un bien gentil garçon. Je parle d'avant sa puberté. Peuh ! Les psychiatres, monsieur le président, ils peuvent dire n'importe quoi, tout ce qu'ils veulent... Il n'y a que ce que je vous dis moi qui est exact ! Lui, c'est un pauvre type, moi, je suis incapable de farder la vérité. À quoi bon, hein ? »

Ces mots mortels, humiliants, Jacques les reçoit en plein cœur. Ce père, du plat de sa décrépitude, trouve encore le moyen de souffleter son fils, « ce pauvre type », comme il dit, d'un air découragé. On pense alors à la phrase de Jules Renard dans *Poil de carotte* : « Tout le monde n'a pas la chance d'être orphelin. »

Ce témoignage a été mâchonné par une ombre, d'une voix éteinte.

La loque, comme l'appelleront les journalistes, s'en va, vieille chose édentée et cruelle. Le père Fesch laisse derrière lui une impression de folie désespérée.

Les commentaires iront bon train.

Madeleine Jacob diagnostique : « Si Fesch n'avait pas eu ce père-là, il n'y aurait pas eu d'affaire Fesch. »

Est-ce possible ? Ce père porte-t-il tous les torts ? Son énorme défaut fut de ne pas savoir aimer, d'être dépourvu des mots, des gestes, des signes de la tendresse ; c'était un muet de l'amour, cela signifiait-il qu'il n'aimait pas ? Il ne savait pas aimer.

Après les rauquements du vieux père, le témoignage de Pierrette change l'atmosphère ; elle est jeune, jolie et malheureuse.

D'une voix timide, elle dit des choses simples, mais nécessaires.

Elle est l'autre partie de la vie de Jacques ; la partie perdue, mais qui aurait pu être gagnée ; en tout cas, elle a tout fait pour remporter la bataille. Elle est désemparée. Ces gens, ces juges, ces policiers l'effraient. Elle est encerclée de regards impudiques.

Elle est peut-être la seule capable de faire entrer un peu d'amour dans cette salle sinistre. Autre chose l'habite...

— J'ai été sa femme, dit-elle, je le connais mieux que quiconque ; Jacques ne discerne pas toujours le bien du mal. Il ne parvient pas à délimiter la fiction de la réalité. Son père ne lui a pas donné le sens moral. Comment l'aurait-il pu, puisqu'il était perpétuellement en voyage ? Jacques s'était mis à rêver de plus en plus dans l'oisiveté où il s'était retrouvé auprès de sa mère et de ses anciens copains à Saint-Germain-en-Laye.

« Monsieur le président, je suis sûre que le rêve l'a entraîné. Il se savait incapable de concrétiser ses rêves de voyage, mais il n'avait pas la force de retomber sur la terre.

Elle marque une longue pause, elle semble fouiller le silence et y chercher un refuge. Puis elle reprend :

— Il n'est pas méchant. Lorsqu'il m'a quittée pour rejoindre sa mère, il était probablement ému... Je peux même vous dire que, bien que je ne lui aie rien demandé, il m'a laissé tout ce qu'il avait... trois cent mille francs.

Voilà, elle a tout dit de ce qu'elle pouvait dire, des petits riens enchâssés dans les choses de la vie.

Elle s'en retourne, menue, recroquevillée, fragile de vie comme de mots, non sans regarder une dernière fois Jacques.

Il se cache le visage dans un geste enfantin.

C'est cela, un procès... Une tragédie incomplète, mise en scène par un scénariste obtus, le code d'instruction criminelle hier, le code de procédure pénale aujourd'hui. L'incomplétude tient à l'impénétrabilité du langage, à l'infirmité des mots pour traduire justement, dans un contexte d'effroi judiciaire, des réalités violentes, compliquées, liées à la vie d'un homme déchu.

Allez donc raconter votre vie dans un arrêt judiciaire !

Allez approfondir les méandres du mal devant un président qui n'écoute finalement que lui, qui ne veut connaître qu'un dossier, qui jouit de son pouvoir, que choquent les mots crus, qui juge en réduisant l'éternité mouvante des sentiments, des sensations, des émotions à un moment figé, glacé d'une vie. Qui n'écoute goutte, qui s'écoute.

Les crimes se racontent, c'est leur particularité littéraire, leur attrait même. Les juges le savent, qui parlent de l'oralité des débats, mais de quelle oralité s'agit-il ? Une oralité de papier ! Il faut que la chose dite colle avec la chose écrite, sinon il y a fausse note coupable dans le bon déroulement programmé du procès !

Que de fois le président, rouge de robe et de colère, s'écrie : « Mais vous l'avez dit ! »

Quel que soit le crime, son horreur, des sourds jugent des muets.

Jacques ressent tout cela vivement, il résume sa perception d'un mot : ergotage. La justice passe à côté de l'homme sans le voir... et elle le juge ! Mais elle s'obstine, pour se rassurer, à juger une apparence. Planqués derrière leur robe noire ou rouge, les chasseurs traquent le double sens des mots, l'hésitation, l'erreur, la faiblesse. Quelle perversité administrative !

« Ils sont forts et nombreux. Et comme c'est facile ! On les sent prêts à se précipiter sur le moindre mot à double sens », confesse Jacques dans son journal.

Le président de la cour d'assises est-il impartial ? L'opinion de Jacques pourrait être transposée à de nombreuses affaires : « Le président reste paternel, mais, inconsciemment ou non, a tendance à favoriser l'accusation. » Le paternel punisseur, le père des peines éternelles... Favoriser l'accusation ! Dans le procès de Jacques, tout démontre qu'il fallait un coupable à jeter en pâture.

Dans ce drame de l'injustice, il faut le dire, on n'eut pas affaire à un grand juge. Les grands juges se caractérisent par une belle neutralité verbale, fermée aux sous-entendus. Ce n'était pas pour rien que les Grecs, premiers introspecteurs de la parole, exigèrent du juge qu'il s'engageât « à écouter avec une égale attention l'accusateur et l'accusé et [à faire] porter son vote sur l'objet précis de la poursuite[1] ».

Écouter ! L'écoute du juge... ce n'est pas n'importe quelle écoute et Jacques qui, depuis des années, quémandait une écoute fraternelle mesure à quel point les juges qui le jugent ne l'écoutent pas. Au demeurant, où apprendraient-ils à écouter ? Dans les codes, entre eux lors des rentrées solennelles, dans les couloirs à promotions, dans les émissions de télé où ils font les jolis cœurs, dans un corporatisme clos, dans le confort d'une irresponsabilité que notre lâcheté tolère encore ?

Le président Janin est un sourd sûr de lui. La vanité des uns et des autres déforme le procès : Jacques parle d'orgueil. L'orgueil des avocats, souvent des théâtreux de terroir, des narcissiques frustrés, des gens ordinaires dont c'est l'heure de gloire, des journalistes rivaux de plume. L'orgueil de tous les acteurs de cette farce, juges, témoins, avocats, procureurs...

« L'orgueil ! Il faut se méfier de lui comme de la plus épouvantable calamité. Lorsque tous les autres vices sont subjugués, lui seul demeure et s'infiltre, insaisissable, dans nos meilleures pensées. Il est tenace, subtil, s'enroule autour de notre âme comme le convolvulus autour de la plante. Il se développe dans la haine et accompagne aussi la recherche de la perfection. (...) Ceux qui m'ont condamné l'ont très certainement fait parce qu'en leur âme et conscience, ils ont estimé qu'il devait en être ainsi. S'ils ont péché, ce ne peut être que par orgueil. Ils ont en effet jugé

1. *In* J. Imbert, *Histoire des institutions*, Dalloz.

avoir assez de lumière en eux pour discerner ce que Dieu seul s'est réservé le droit de faire... Ça ne me regarde pas, c'est une question qu'ils débattront un jour ou l'autre avec leur Créateur, et qui sait si, à cause de cela, une âme ne se sauvera pas ? Tout aboutit toujours à l'amour du Christ. » (JP, p. 116-117)

Le moment des plaidoiries est un grand moment d'orgueil.

La plaidoirie est ce qu'en font les avocats, un grand ou un petit moment. À ce moment, allez savoir pourquoi, je pense à Leonardo Sciascia, le poète de la Sicile sauvage et historique. On lui demandait, question déjà posée : « Qu'est-ce que la vérité ? » Il répondait : « La littérature ! »

Sur le moment, j'ai trouvé cette réponse... littéraire. Puis, à y bien réfléchir, je me suis demandé s'il n'avait pas raison ; en effet, qui mieux qu'un écrivain peut rendre compte de la plénitude du mouvement contradictoire de la vie des hommes, de l'enchevêtrement des choses de la vie ?

Qui, mieux que Bernanos, Faulkner, Dostoïevski, Mauriac, Simenon, explique le crime d'autrui à travers l'unité disparate, mais reconstruite de sa vie éparse ?

Toutes proportions gardées, une plaidoirie devrait être cet effort pour raconter des vies malmenées, afin de les transfigurer par un humanisme capable de les raconter de l'intérieur, pour créer une unité explicative dans le désordre des vies diaboliques afin d'aider à les comprendre.

Dans le procès de Jacques, plusieurs avocats prennent la parole.

D'abord, l'avocat des parties civiles, René Floriot ; il représente la famille de la victime, les syndicats de policiers ; puis l'avocat général, M. Suduka, qui n'est pas un avocat, mais un procureur requérant une peine ; enfin, les avocats de la défense. Ici, seul compte l'avocat de Jacques Fesch, Paul Baudet.

De ce combat de voix, les jurés tireront, en leur âme et conscience, une intime conviction. Au moment où la parole va être donnée aux uns et aux autres, une intense émotion étreint l'assistance.

Tout à l'heure, et en même temps que l'avocat général se dressera, la guillotine va peut-être, elle aussi, se dresser…

La mise à mort

Floriot veut la peau de ce jeune criminel si blond, si beau ; il veut sa peau parce qu'il est là pour ça. C'est le but du match !

S'il l'avait défendu, il aurait tout fait pour le sauver, sans l'aimer, sans le connaître, pour gagner, tout simplement !

Il est, comme il aime à le dire, un marchand de résultats. Il n'a pas d'états d'âme, il n'a que des états de service ; c'est un pro à l'américaine avant les Américains. Aucune autre morale que celle de l'efficacité. Il veut gagner ! S'il avait eu de la culture, il aurait pu citer Cicéron, qui lui donnait un peu raison : « On se trompe grandement si l'on croit quc l'on a, dans les discours que nous avons tenus au cours d'un procès, l'exposé authentique de notre opinion, dûment posée et méditée. Tous ces discours, en effet, dépendent des causes et des circonstances, et n'expriment pas la pensée des personnes en question et de leurs défenseurs. Car, si les causes elles-mêmes pouvaient parler, personne ne ferait intervenir un orateur. Et si l'on nous fait intervenir, c'est pour que nous disions non pas ce que nous décidons en vertu de notre autorité, mais ce qui est impliqué par l'affaire en cause.[1] »

Soit ! Mais les causes n'obligent pas d'en rajouter, d'allier efficacité et méchanceté, logique et lynchage.

Floriot, fleuron du barreau brutal, va logiquement, imperturbablement et sans aucun effet accabler Jacques et le conduire méthodiquement à la guillotine. Son argumentation, savamment rudimentaire, ne veut reposer que sur des faits. Elle est démagogique, fausse, mais basique.

Il dit aux jurés des choses simples, et cette simplicité est le fruit d'un énorme travail. Ainsi énonce-t-il sur un ton bonhomme :

— On voudrait qu'en trois ans Jacques Fesch se soit transformé dans le sens du bien, qu'ainsi on jugerait un autre homme... Balivernes, bobards moralisateurs, le Fesch d'aujourd'hui ne vaut pas mieux que celui d'hier.

Il se serait amendé ? Floriot ironise : « Que faire en prison, sinon s'amender ou faire semblant de s'amender ? »

Il aurait souffert de vivre dans une famille désunie ? Floriot, terre à terre, rappelle que « chaque année, dix mille petits Parisiens sont l'enjeu d'une lutte entre leurs parents ».

Il aurait été mal élevé, trop gâté ? Floriot, populiste, plaide pour les sans-famille, pas pour les fils de riches qui se distraient en tuant de l'agent de police !

---

1. Cicéron, « Pour Cluentius », *Discours*, vol. 8, « Collection des universités de France », Les Belles Lettres, 1953.

Il aurait perdu la tête ? Là, tout le talent méthodique de Floriot se déploie. Il s'attache aux pas de Jacques pour démontrer sa détermination, son sang-froid, sa volonté de tuer ses poursuivants, et enfin le pauvre policier. L'avocat parle plus qu'il ne plaide. Il joint le geste à la parole... la parole au geste... Il donne l'impression de raconter un film. C'est très efficace. Les jurés le suivent jusqu'à la mort du policier qui s'écroule sous leurs yeux, victime du devoir.

Floriot, le maître incontesté de la banalité efficace, effrayante, conclut en ces termes :

— L'agent Vergne, un père grand mutilé de guerre, une vieille maman que l'on aidait, une femme cancéreuse. Elle est morte. Veuf, Vergne ne s'est pas remarié. Il n'avait pas de bonne, lui... Après un service fatigant, il rentrait pour préparer le repas de son enfant.

L'enfant à la poupée, l'orpheline aux si beaux yeux rieurs apparaît alors dans sa tristesse, son abandon et tout son malheur. Elle est là, sous les yeux rougis des jurés...

Le travail a été bien fait, les piques ont porté. Jacques garde un terrible souvenir de ce moment : « Ils font leur métier, dira-t-on. Certains, oui, avec honneur ; d'autres, avec acharnement. On plaide à qui a le plus de chance d'amener la condamnation capitale de l'intéressé et on ignore si ce qu'on avance est vrai ou faux. À ce moment-là, j'ai eu la nette impression du côté spectacle tout fait d'avance du procès. Le dernier effort avant l'hallali. » (LÉ)

L'avocat général n'a plus qu'à donner l'estocade. Il a encore une nuit pour se préparer. La nuit d'un magistrat qui s'apprête le lendemain à demander la mort, c'est quoi ? Dort-il du sommeil du juste ? Dort-il ? Aucun avocat général n'a jamais raconté sa nuit d'épousailles avec la mort d'autrui ; donc, on ne sait...

René Floriot a fini de plaider dans les larmes de la salle. Il est félicité, congratulé, adulé. Des admirateurs se pressent autour de lui. Il descend le grand escalier du palais de justice, entouré de sa cour ; il s'en va dîner... mais pas avec n'importe qui : avec le président Janin, flanqué d'une journaliste de *Détective* et de deux autres avocats idolâtres de sa personne. On est à la veille du verdict, il faut bien se réconforter ! Ces agapes qui auraient fait frémir Marcel Aymé ont lieu dans un bistrot de la rue Gît-le-Cœur. L'endroit est rustique, mais recherché ; il y règne une ambiance populaire et la cuisine est familiale. Dolorès, une ancienne beauté ibérique, mitonne des plats paysans sur un grand fourneau à charbon qui trône au milieu du restaurant : bœuf en daube, canard aux olives, tripes à la corse, blanquette de veau... Par un miracle du bon goût, ce soir-là, la tête de veau n'est plus à la carte ! Viennent là s'encanailler sans danger des avocats, des policiers, des journalistes, des bourgeois émoustillés ; et parfois d'irréprochables et sévères magistrats. Le patron est un Corse haut en accent, qui a toujours des histoires supposées drôles à raconter, et dont tout le monde évidemment rit.

Voilà l'endroit où l'avocat de la partie civile et le président de la cour d'assises ont choisi de festoyer. Auraient-ils dîné à Versailles, l'indécence aurait été la même. Cette nuit est la dernière nuit d'attente pour

Jacques. Demain, il sera fixé sur son destin ; il est recroquevillé au fond de sa cellule, il prie.

Janin trinque et Floriot régale.

Le sort de Jacques ne s'est probablement pas joué entre la poire et le fromage ; peut-être même Janin et Floriot avaient-ils d'autres chats à fouetter ; il n'empêche que ce dîner mondain dans une gargote avec une guillotine pour crémaillère offre une idée cynique de la justice. Après ce bon repas, bien arrosé, Janin et Floriot avec, il faut l'admettre, « une certaine indifférence aux malheurs d'autrui », s'en vont dormir du sommeil du juste. Que cachent ces vies de juges impénétrables ? Leurs rêves doivent être terribles et leur vie personnelle, à mon avis, est certainement effrayante, vu qu'on ne peut pas être juge innocemment et qu'il faut une sacrée dose de sadisme pour construire hiérarchiquement son existence sur le châtiment d'autrui. Enfin, Janin est président de la cour d'assises et, à ce seul titre, irréprochable !

Le lendemain, c'est l'heure solennelle, l'heure du réquisitoire, le grand moment de Suduka. Son épouse est là au premier rang, bobonne de juge, fière de son illustre mari. La salle est bourrée d'amateurs de sensations fortes, définitives. Ils attendent une sévérité sauvage de la part du représentant de la société. Il se lève lentement, gravement, on sent que sur ses épaules pèse le joug de l'ordre, il sait manifester ce sublime fardeau. Il laisse sur le bas-côté de son réquisitoire Criquet et Croquignole, les comparses inutiles qui encombrent son éloquence. Il concentre tous ses efforts sur Jacques.

Comme il parle au nom de l'intérêt général, il se donne des airs d'objectivité ; le ton est posé, la voix est calme, il articule des phrases dépourvues de hargne. Cette feinte impartialité est impitoyable, elle est faite pour mieux tuer, tuer sans encourir le reproche de méchanceté. Un avocat général n'est pas là pour gagner des têtes à la fête foraine judiciaire : qu'on se le dise, et qu'on aille le dire à ce Marcel Aymé que Suduka déteste !

Il veut démontrer par son rationalisme radical, par sa froideur professionnelle, qu'il n'est conduit que par l'idée de justice, et non par l'instinct du chasseur, encore moins par le désir de paraître. Il refait le même travail que Floriot, mais d'une manière moins brillante, ce qui n'empêche pas une redoutable efficacité. Il s'en tient aux faits, rien que les faits, toujours les faits, sans jamais s'aventurer au-delà, au risque d'avoir une explication qui déferait ces « faits accablants » sur lesquels il s'arc-boute.

La belle objectivité de Suduka ne dure pas longtemps ; elle fond sous la chaleur des mots et de l'émotion des policiers serrés dans la salle. D'un coup, il s'écrie, fixant les jurés d'un regard intense comme dans les films muets :

— La police s'est mise sous votre protection. Il faut que l'on sache que l'on ne tue pas un agent impunément : c'est l'enjeu du procès. Vous le devez à cette police qui vous protège, vous et vos biens (...) J'ai conscience de l'étendue de ma responsabilité. J'ai cherché dans le dossier quelque chose qui me permette de faire fléchir en faveur de Fesch le fléau de la balance. J'ai cherché dans sa vie, dans les faits.

Je n'ai trouvé que le cancre, le jouisseur, le voleur, l'assassin calme et résolu...

« J'ai alors compris que je n'avais pas seulement le droit, mais le devoir de vous demander le châtiment suprême. Sinon, tel Hamlet voyant se dresser le spectre de son père lui reprochant son inertie, je verrais surgir devant moi, en lettres de feu, les noms des gardiens de la paix morts en faisant leur devoir !

L'avocat général, au nom de son devoir et de la littérature anglaise — la reine est encore à Paris —, réclame donc, dans une envolée lyrique, la mort pour Jacques Fesch.

À cet instant précis, quelque chose se produit qui transforme l'atmosphère. Tout devient grave, tragique ; tout était déjà grave et tragique, mais le poids de ces choses s'alourdit tout à coup du poids d'une vie en joue. Il est peut-être déjà mort, ce mort vivant ? Il est un enjeu, il joue sa vie, sa pauvre vie de jouisseur, de voleur, de cancre, d'assassin ! Et chacun se demande : « Sauvera-t-il sa tête ? »

Il faut avoir entendu requérir la peine de mort pour savoir l'effet que cette réquisition produit ; elle déclenche toutes les ignominies et toutes les charités dont les spectateurs sont capables.

Comment peut-on appeler la mort sur un semblable ?

Jacques laisse passer avec une certaine indifférence cet appel à la mort contre lui. Il souffre surtout des insultes dont il est l'objet, de l'incompréhension de ses actes. Il espère sans vraiment espérer. Il est déjà ailleurs, auprès de l'autre condamné, le Christ qu'il a rencontré et qui « dans la solitude vous parle plus distinctement peut-être qu'ailleurs ». Alors, même s'il veut encore vivre, il veut vivre différemment, et ce qu'il voit de la justice des hommes l'incite à se détourner de cette mascarade. Il ne lui reste, se dit-il, « qu'à ignorer toute cette haine, puis chercher autour de soi Celui qui inlassablement attend l'âme meurtrie et désespérée pour lui donner un trésor qu'il refuse au monde » (LÉ).

Désormais, entre la guillotine et Jacques, il n'y a plus que le barrage de mots et d'émotion que va dresser Paul Baudet. Un bien fragile barrage.

On est le samedi 6 avril, il est 13 heures, la salle suffoque sous une lourde chaleur. Paul Baudet est arrivé au palais accompagné d'avocats qui l'exhortent à sauver cette vie.

« Nous sommes prêts », aurait-il dit au moment où le président lui donne la parole. Formule étrange, sacrificielle ! À quoi est-il prêt ? À se battre contre la hargne immobile et assise d'une opinion publique avide de sang ? À collaborer au mystère d'expiation qu'incarne, en ce moment, Jacques ?

On a le sentiment, à le voir se lever, qu'il s'agit d'affronter l'inéluctable châtiment. Mais, à la seconde où il est debout, droit, cet homme fragile reçoit une force qui vient du combat d'un seul contre tous, de la vie contre la mort, et de sa vocation d'avocat. Il va lutter pour sauver Jacques, lutter de toutes ses forces, de toutes ses faiblesses, de tout le sang de ses mots. Il sait que les officiels vont voter la mort, parce qu'ils obéissent au conformisme, comme tous les officiels. Il reste un espoir d'éviter le pire, convaincre les jurés qu'il existe une autre image de l'accusé, empreinte de sincérité, de repentir ; qu'il existe, enfin, des circonstances atténuantes et que la préméditation n'existe pas ; et surtout, surtout, aider les jurés à comprendre le cheminement de l'acte criminel, si compliqué, tellement humain. Enfin, il doit livrer le combat contre la peine de mort.

Il plaide sincèrement, comme Jacques parle, sans effet, sans roueries, à cœur ouvert.

— Jacques Fesch est un être que le hasard a pris dans une action tragique. Il a agi dans l'affolement. Il a tiré dans la folie de la poursuite. Est-ce que, vraiment, il doit être promis à la mort ? La mort que l'on souhaite pour lui est-elle proportionnée à celle qu'il a donnée ? Hier, lorsqu'on le poursuivait, c'était la mort dans le tumulte, dans la déraison. Demain, à l'échafaud, ce sera la mort raisonnée et froide. Hier, c'était la faillite de la volonté trompée par l'instinct animal. Demain, à l'échafaud, ce sera la froide détermination de vos volontés qui conduira à la guillotine. Vous laisserez-vous prendre à la fable que l'on veut imposer ?

« Croyez-vous que tout s'est passé avec la volonté de meurtre que l'on prête aujourd'hui à mon client ? Qu'il a voulu tuer un agent ? Où aurait-il pris la haine de l'agent[1] ?

Ces arguments, tous les avocats abolitionnistes les répètent, avec plus ou moins de bonheur, devant toutes les cours d'assises. Victor Hugo, Dostoïevski, Albert Camus, Arthur Koestler ont contribué à armer l'arsenal des arguments contre la peine capitale.

1. Extrait de la plaidoirie de Paul Baudet.

Mais un policier est mort... Et l'argument terrible d'Alphonse Karr, l'humoriste sans pitié, circule de bouche à oreille : « Que messieurs les assassins commencent ! »

Une logique lyncheuse est au travail : le tueur d'un flic doit mourir parce qu'il a tué un flic. C'est tout, c'est terrible, c'est pour l'exemple. Tête pour tête...

Cette mathématique sanglante, Baudet la dénonce avec sa force de témoin ; des exécutions capitales, il en a vu, trop vu, et il sait l'horreur indicible de ces petits matins mortels.

Sa plaidoirie est un combat contre la peine de mort, contre l'existence de cet inimaginable fonctionnaire, le bourreau !

Depuis que la peine de mort a été supprimée en 1981, on a le sentiment, en France, qu'elle n'a jamais existé ; on oublie la guillotine comme on a oublié le bagne. Pourtant, dans les années d'après-guerre, le « rasoir national » fonctionnait allégrement dans son méthodique et sépulcral rituel ; il allait et venait vite au gré des verdicts meurtriers.

La IIIe République, qui n'a pas fini de nous étonner, confia à un seul homme le privilège de guillotiner dans toute la France ; il n'avait, le bourreau républicain, aucun concurrent !

C'était l'exécuteur des hautes œuvres... Les hautes œuvres ! Un assassinat légal, comme Baudet devait le dire, déployant contre lui tous les arguments ressassés à longueur de vaines plaidoiries ; et surtout l'argument de l'inutilité de la peine de mort ; elle ne sert à rien et n'empêche rien. Avant de conclure, épuisé, il dit encore :

— Le mot n'est pas de moi, mais de l'avocat général. Il faut que l'on sache que « l'on ne tue pas un agent impunément » : c'est l'enjeu du procès ! Or, la morale n'est pas le sacrifice de l'homme à la société, ce serait trop simple. Notre morale doit être le respect de l'individu, l'harmonie du social et de l'individuel. Les rigueurs de la loi ne sont pas uniquement faites pour la défense d'un ordre social... Il n'y a pas de crime qui mérite un autre crime !

On ne peut jamais rendre compte d'une plaidoirie. Elle passe, s'efface : des mots écrits sur du sable ; d'elle, il ne reste presque rien, peut-être même rien du tout, un effet de son qui s'estompe dès le dernier mot prononcé ; la force humaine, l'énergie jetées dans la coque vide des mots, qui l'ont emplie, sèchent et s'effritent tout de suite après que l'on s'est tu. Les témoins garderont une impression, certainement inscrite pour longtemps, mais incommunicable. La plaidoirie de Paul Baudet n'échappe pas à la règle. On dira, comme le journaliste Benoît Chabert : « Il étonne, il fascine (...) plaidoirie admirable. » De cet avocat démodé, Albert Naud, un confrère, donc un ennemi, dira : « Il est, à coup sûr, le plus grand avocat de notre temps. Ses qualités morales, son intelligence meublée par une solide et vaste culture, son verbe qui est pur et beau (trop pur et trop beau pour être absolument efficace, dira-t-on), sa hauteur de vue donnaient à Jacques Fesch de solides chances d'échapper au châtiment suprême. De fait, maître Baudet se surpassa. Il eut le courage, comme un laboureur, de défoncer le terrain apparemment solide sur lequel l'accusation et la partie civile plaçaient le procès. Il en retourna les racines profondes et les étala au grand jour. Ce n'était point le procès d'un assassin que l'on se préparait à juger — chacun savait bien que Jacques Fesch n'avait point prémédité de tuer l'agent Vergne —, c'était le procès du meurtrier occasionnel d'un policier. »

On sait l'essentiel : cet avocat a tout fait pour sauver Jacques, sauf tricher, arranger la vérité, utiliser des arguments démagogiques, mais néanmoins efficaces. À aucun moment, il n'a parlé de la conversion de son client. Est-ce pudeur ? On ne sait ! L'extraordinaire histoire intérieure de Jacques Fesch demeurera inconnue des juges et des journalistes, comme s'il fallait qu'elle ne subît aucune corruption. Aurait-il fallu en parler pour attester du revirement magnifique, de la réinsertion dans le bien ? En parler, cela eût été faire commerce de la grâce divine ; ni Jacques ni son avocat ne voulaient tomber dans ce troc.

Les derniers mots de l'avocat expirent sur ses lèvres. L'assistance se fige dans un silence plein d'émotion contenue. Un silence unique à l'intérieur duquel s'amalgament tous les sentiments, les pires et les meilleurs, l'amour et la haine. Un vrai silence de justice !

Jacques se lève, il doit avoir la parole le dernier ; magnifiquement pâle, il chuchote ces quelques mots :

— Je voudrais présenter mes excuses à madame Vergne.

La pauvre femme, comme arrachée à son cauchemar, maugrée :

— Je ne veux pas que vous me parliez...

Ce rejet, normal, humain, Jacques le ressent comme de l'incompréhension ; il essaye encore faiblement de parler :

— Oh, madame, vous êtes en droit de me haïr, mais je vous dis mes regrets les plus sincères, comme à tous ceux à qui j'ai fait...

Il s'étouffe dans sa phrase et s'effondre sur sa chaise.

Janin lève l'audience, la cour et le jury se retirent donc pour délibérer et rendre leur verdict sur les trois accusés : Criquet et Croquignole n'intéressent personne, seul le sort de Jacques angoisse tout le monde, ceux qui veulent sa mort, ceux qui veulent sa vie.

La cour d'assises s'est vidée de son public ; elle est, sous une lumière blafarde, pleine de fantômes.

Les journalistes parlent entre eux avec détachement, ils ne croient pas que Jacques sauvera sa tête ; à vrai dire, personne ne croit qu'il sauvera sa tête. L'attente dure, cruelle, torturante, une attente infinie...

Sonnerie

À chaque mouvement, on s'imagine que la sonnerie annonçant le verdict a retenti ; on se précipite... pour rien, fausse alerte ! On se rassied et on reprend la conversation inutile ; on rallume la cigarette, l'angoisse et son vide violent se meublent de ces petits riens. Une demi-heure, une heure, c'est bon signe, ça dure, donc ça discute... Quarante minutes plus tard, on se dit que s'ils avaient voté la mort, ils l'auraient fait tout de suite. Le temps donne de l'espoir. Un bruit ! Un chuchotement... Ça y est ? Non ! Encore une fausse alerte... L'angoisse défigure les traits des proches des victimes et de l'accusé. Paul Baudet se recueille, assis sur un banc de la sombre salle des pas perdus... Que de pas cette salle a-t-elle engloutis ?

Une sonnerie stridente retentit, déchirant le brouhaha et imposant brutalement le silence ; elle fige et accélère le mouvement.

D'un coup, tout le monde se rue vers l'entrée de la cour d'assises. Une autre sonnerie retentit, elle invite tous les participants à se presser de regagner leurs chaises. L'huissier crie : « La cour ! » Comme à l'église, à l'arrivée du célébrant, l'assistance se lève au moment où la cour et le jury entrent, portant le saint sacrement du verdict. Il est 19 h 45, ces secondes d'installation sont insupportables. Les visages des jurés sont fermés, gris, graves, impénétrables. Certains baissent la tête. Aucun ne regarde Jacques, ce qui est mauvais signe. On retient son souffle, tandis que lentement, majestueusement, le président et les deux conseillers ont pris place, laissant alors les jurés s'asseoir.

D'une voix volontairement neutre, le président ordonne de faire entrer les accusés. Ils entrent tous trois. La haute taille de Jacques, sa minceur, sa pâleur, le désignent aux regards. Commence alors un rituel rigoureux, lancinant et pervers : le président égrène les vingt-neuf questions et les réponses. Les accusés, debout, immobiles, attendent.

« L'accusé est-il coupable d'avoir, le 25 février 1954, commis... » À toutes ces questions concernant Jacques, la cour et le jury répondent : oui ! Il est donc reconnu coupable. Croquignole et Criquet, eux, sont acquittés. Leur joie immédiate s'arrête net. La sanction appliquée à Jacques, en l'absence de circonstances atténuantes, sera donc la peine de mort. On est le samedi de la Passion, veille de Pâques, et c'est le vingt-septième anniversaire de Jacques : des signes ! Janin regarde Jacques dans les yeux et articule nettement qu'il n'existe aucune circonstance atténuante, qu'en conséquence il est condamné à mort, qu'il aura la tête tranchée. L'instant où un être vivant entre dans la mort judiciaire est un instant irréel ; Jacques est légalement mort, c'est un mort vivant ; des hommes viennent de le tuer d'un coup de code ; il est juridiquement, administrativement programmé pour mourir coupé en deux, sectionné, sanctionné.

Il dispose de cinq jours pour se pourvoir en cassation. Il est très pâle, lointain. Des gens pleurent, d'autres applaudissent. Pierrette crie vers lui : « Jacques ! Jacques ! » De la main, il esquisse un moineau de geste qui ne s'envole pas, comme pour dire « tant pis ». Il se tient très droit, encore digne dans la mort future. Un silence de plomb s'abat sur la salle qui lentement se vide.

D'un coup, la cour et le jury ont disparu, escamotés.

Jacques s'est glissé derrière la porte, il s'est effacé, justice est faite. Un mort attend désormais de mourir. On est le samedi 6 avril, soit plus de trois ans après le crime. Que de choses ont changé.

Dans le fourgon instable qui le ramène à la prison de la Santé, Jacques prie en union avec un autre condamné...

Jacques est condamné à la peine capitale.

On l'entrepose dans le quartier des condamnés à mort.

En cette nuit qui va durer, il médite sur la croix, la guillotine d'autrefois. « J'ai médité sur la croix et m'est apparue toute la réalité de l'oraison. (...) La croix ! Nous devrions être éperdus de reconnaissance devant le témoignage d'un si grand amour, mais en même temps pétrifiés d'horreur parce qu'elle est aussi la projection de nos propres souffrances. Ce visage crispé par la douleur, c'est le mien, c'est celui de tous les élus. Nous avons beau nous débattre dans le labyrinthe de la vie, chercher des expédients, indubitablement nous serons traînés au pied du bois et il nous faudra tendre nos mains et nos pieds pour qu'on y enfonce les clous. Lorsqu'on est jeune, nous pensons que notre soif d'absolu pourra être satisfaite par la vie qui s'ouvre illimitée et pleine de promesses ; plus tard, d'après ce que je peux constater, lorsqu'il devient possible de jeter un regard circulaire sur ce qui fut notre existence, l'inquiétude, les regrets, le dégoût de tout nous envahissent et ce que nous avions refusé des années auparavant s'offre à nos yeux avec une réalité effrayante. Mais qui l'accepte ? » (JP, p. 110-111)

En qui, en quoi espérer quand les hommes vous ont jugé indigne de vivre ? Jacques trouve alors refuge dans la prière ; il s'attache à elle : « Puissance de la prière ! Je dois faire un effort de volonté plus grand pour croire, surtout dans la nuit. C'est alors que ma prière prendra toute sa valeur, et pourtant, sur le plan de la sensibilité, c'est le contraire qui paraît vrai. (...) Prier, prier sans cesse, voilà ce qu'il faut que je fasse. »

Pendant que Jacques entre dans son agonie légale, quelques journalistes se réveillent de leur nuit de vindicte.

« Tout s'est effacé derrière des impératifs sociaux qui ont exclu la générosité », écrit Georges Sinclair dans *Combat.* D'autres journalistes expriment le même sentiment : dès lors que Jacques Fesch a été condamné, la leçon a été suffisante, il faut le gracier.

Le Figaro est très clair : « La sentence de la cour, au contraste abrupt, a produit une impression pénible, bien que pas inattendue. La cause de Fesch était désespérée, perdue de longue date. Si nous ne l'avons pas écrit, c'est que nous ne voulions pas tracer un seul mot qui semblât, par avance, disposer du destin d'un homme.

« Maintenant que les réactions sociales et la conception de l'exemplarité se trouvent satisfaites, nous serait-il permis de suggérer que la sévérité de ce verdict ne sera pas poussée jusqu'à la suprême et sanglante limite ? »

Tous ces habitués ont senti que ce jeune homme, dévoyé d'un instant de folie, vaut mieux que son acte.

Il mérite autant de vivre que l'abbé Desnoyers, curé d'Uruffe, assassin de sa maîtresse et de l'enfant qu'elle portait ; que Gérard Dupriez, qui a tué son père et sa mère ; que Pauline Dubuisson, meurtrière de son amant ; que bien d'autres criminels, horribles, cruels, sans lendemain de repentir, et qui vivent... parce que leur victime n'était pas un policier !

Mais l'opinion publique est là, au pied de l'échafaud, elle a faim.

Jacques, lui, s'installe dans la cellule 18, où le dernier condamné à mort, Émile Buisson, attendit la guillotine. Même si l'on veut être prudent dans l'emploi des mots, comment ne pas comprendre qu'à sa manière, Jacques va gravir un chemin de croix ?

Il a fait un pourvoi en cassation. Il espère que le verdict sera cassé et qu'il pourra être rejugé dans des conditions équitables. Tant de choses ignobles se sont passées pendant son procès : d'abord, le dîner immonde de Janin et Floriot, ensuite le chantage à la grève des policiers, enfin ce point étonnant : l'étude de la feuille des questions révèle que le jury a répondu « non » à cinq questions relatives aux circonstances aggravantes, mais que ces « non », qui écartaient la mort, ont été biffés et remplacés par des « oui » approuvés en fin de page ! Comment expliquer ce bafouillage sur le sort fatal d'un justiciable ? Il n'existe pas cent hypothèses, il n'y en a que deux qui pourraient motiver cet extraordinaire revirement des jurés. Première hypothèse : une erreur matérielle du greffier, commise cinq fois de suite ; la chose paraît pratiquement impossible. Alors, seconde hypothèse : une influence félonne aurait pesé sur les jurés pour les contraindre à se déjuger ; cela paraît certain, mais qui a exercé cette coupable pression ? La question se heurte au secret des délibérations, bien que chacun sache que le seul à pouvoir efficacement influencer les jurés est le président, et ce en raison de sa position dominante et savante. À moins que ce magistrat n'ait lui-même subi l'autorité d'un conseiller zélé ou celle d'un juré radical, qui d'autre aurait imposé cette forfaiture ?

L'injustice, l'iniquité de cette trahison renvoie inévitablement à l'autre histoire, tellement humaine qu'elle en est surhumaine, du condamné Jésus qui, selon la loi, devait vivre, mais qui dut mourir selon la foule, victime administrative ! Ainsi, par une manipulation de dernière seconde, Jacques subit la condamnation à mort qu'il ne méritait pas, parce que l'opinion l'exigeait (LÉ).

Jacques ressent cette haine sourde, qui cache bien son jeu lapidaire sous les convenances judiciaires. Il a compris qu'entre la guillotine et lui, il n'y a plus que le pourvoi en cassation et, en cas de rejet, le recours en grâce.

Jacques, dans un réflexe humain, espère sauver sa peau, même s'il s'en remet les mains liées à la Providence. Devant ses yeux l'échafaud se dresse dans toute son horreur et se déroule l'exécution :

« Dieu, quels moments je vais passer, surtout les derniers temps lorsque l'on sait que la grâce va être présentée et que la réponse suivra un ou deux jours après. Il doit y avoir quelques couples d'heures qu'il vaut mieux vivre éveillé... »

Peu de gens savent le chemin accompli par Jacques depuis son incarcération. On constate une transformation, mais on ignore encore la profondeur de la conversion. Le 27 avril, il écrit ces quelques mots au frère Thomas : « Me voilà peut-être arrivé au bout de ma vie ? Vie très courte, peu remplie, avec beaucoup de mal, de larmes et de sang. Je ne puis pas être fier de grand-chose ! Il est vrai que le Seigneur aime choisir ce qui est faible et rejeté, afin de montrer que c'est par sa grâce, agissant dans la faiblesse, que nous sommes sauvés (...) La civilisation détruit tout. Quelle vie ont les hommes de nos jours ? Le travail à la chaîne dans la puanteur d'une usine ou d'un métro, alors que le plus minable des Gaulois vivait au moins dans un cadre magnifique et pouvait s'offrir des joies simples et vivantes ! Vivent nos ancêtres les Gaulois ! »

Pendant ces heures sombres, Jacques n'est pas seul. Au-dehors, des hommes et des femmes de bonne volonté, déjà touchés par son charisme, militent, se battent pour le sauver. À la tête de cette fidèle cohorte un professeur de lettres, Armand Jacob, se dévoue avec toute la force de son espérance dans les changements possibles de l'homme.

Il avait rencontré Jacques et était devenu son ami. Le mauvais élève et le vieux professeur, le cancre et l'agrégé de l'université, ont tissé une relation fraternelle et respectueuse. Armand Jacob voit en Jacques un de ses élèves qui aurait mal tourné, une victime aussi d'une société où « le parasitisme paie mieux que le travail ».

Loin des choses sacrées de la foi, le vieil homme et le jeune meurtrier repenti entretiennent une discussion laïque, presque philosophique. Son Dieu n'est pas celui de Jacques, mais, au-delà de Dieu, ils se retrouvent dans l'amitié.

Cependant, Armand Jacob a ressenti la sainteté de Jacques. De lui, il écrit : « Un saint, un ami ! »

Il se prépare à mener avec d'autres, au cas où la cassation serait rejetée, l'ultime combat pour la grâce.

L'âme du mort

Tout homme frappé par une injustice connaît Dieu ou le diable.

L'injustice transforme l'être humain. Elle est insupportable et pour le corps et pour l'esprit, tant son cortège de souffrances indicibles détruit ceux qu'elle frappe. Au plan de l'individu comme à celui des peuples, la révolte que provoque l'injustice peut soulever des montagnes de haine.

Au fond du fond de nous vibrent deux exigences, l'amour et la justice. Être privé de l'un, être volé de l'autre, rend les humains inhumains. Jacques sait qu'il paie pour l'exemple, qu'il est victime d'une injustice populiste, politique. Quelle sera sa réaction ?

Il veut, tout d'abord, ignorer « toute cette haine » et chercher Dieu. Cette haine est présente, virulente en lui, elle provient, dit-il, de l'orgueil qui le « pousserait certainement aussi à des actes regrettables ». Le procès a été « artificiel et théâtral » (LÉ), et il attend le résultat de la cassation. Il réfléchit au mal, au vrai mal qui enchaîne l'homme et rend son destin inéluctable.

« On consent au mal pendant des années et rien n'arrive ! Sans s'en rendre compte, notre liberté diminue, le corps s'affaiblit et notre volonté s'atrophie. Les générations peuvent passer, elles transmettront toujours un peu plus de leur déchéance, jusqu'au jour où le mal devient tellement partie intégrante de l'être qu'on ne peut plus agir efficacement et qu'on se laisse emporter dans le tourbillon dévastateur. » (LÉ)

Toute la criminologie la plus savante ne pourra en dire plus sur le passage à l'acte criminel ! Jacques a payé le prix fort pour savoir que tout nous renvoie à la responsabilité, à la volonté, à l'éducation et au devoir pour les éducateurs de réagir tout de suite, sans attendre que d'autres pas soient accomplis vers le pire par les apprentis du mal.

Jacques cherche en lui, pour aider les autres, à mieux comprendre ses actes qui ont causé tant de malheurs. Il sait qu'il n'a, « à son actif », « que des catastrophes, de la souffrance » (LÉ).

Alors, il perquisitionne sa nature pour comprendre. D'où vient le mal ? Il cherche, traque et se confesse : « L'orgueil est le pire de tous les maux, celui qui nous éloigne le plus du Seigneur. J'aurais plutôt de quoi être humble, mais c'est tout le contraire. Plus on me tape dessus, plus je me raidis et reste cramponné à une fierté qui est mon courage. "Frère Léon, disait saint François, sais-tu où est la joie parfaite ? Admets qu'en rentrant au couvent, le frère portier nous reçoive comme des coquins éhontés, qu'il nous accable d'injures et de coups, qu'il nous roule dans la neige et nous laisse dehors sans abri et sans nourriture ; eh bien, si nous trouvions la force de penser que ce frère nous a traités comme nous le méritons et que nous en louions le Seigneur, là serait la joie parfaite !" J'en connais un qui, traité de cette façon, n'aurait pas pu résister à "voler dans les plumes" de ce portier, comme on dit ici. » (LÉ)

Ne pas laisser l'orgueil guider le monde... Ne pas laisser des auteurs inconnus écrire le scénario de nos vies...

Jacques a conscience qu'il a été le jouet de cet orgueil d'enfant gâté, il nous met en garde contre les automatismes de l'orgueil.

Pendant ce temps, des gens, sans aucun doute possible dépourvus d'orgueil et de vanité, de vieux débris de juge, jugent sous les lambris de la Cour de cassation de la légalité de la procédure condamnant Jacques à mort. Que vont-ils décider, ces juges de la perfection légale ?

Que le dîner entre l'avocat de la partie civile la plus vindicative et le président de la cour d'assises la veille de la condamnation à mort est sans effet sur l'impartialité requise ? En ce temps-là, la convention européenne et le principe du procès équitable n'existaient pas. Le juge était génétiquement impartial, il était impartial par nature ! En conséquence, aurait-il dîné avec le diable, le président Janin n'en aurait pas été moins irréprochable !

Les juges suprêmes considèrent donc que ce souper mondain entre un président et l'avocat de la partie civile est un acte de convivialité sans importance ! Bon appétit, ministres intègres !

Et maintenant, que vont penser les gardiens de l'orthodoxie légale des réponses réversibles aux questions sur les circonstances atténuantes ? Un non qui dit oui cinq fois, est-ce normal ? Un non qui dit oui cinq fois, un non qui tue ! La Cour de cassation ne trouve rien à redire à ces raturages, bafouillages et autres pâtés de potache.

En revanche, elle critique le franc de dommages et intérêt alloué aux syndicats de policiers. Enlever un franc, ça ne coûte pas cher, et à peu de frais, cela donne des airs d'indépendance.

La Cour de cassation trouve donc la condamnation à mort de Jacques tout à fait légale, irréprochablement légale...

La cour ne casse pas, la guillotine peut donc couper.

Il existe un dernier recours, le recours en grâce. Jacques a-t-il seulement envie de continuer cette comédie ?

Quelle grâce ?

Jacques apprend la mauvaise nouvelle avec courage et sans surprise : « La cassation a été refusée : c'était prévu d'avance et je préfère autant qu'il en soit ainsi. L'avocat a plaidé longuement, développant des points assez séduisants, qui malheureusement ne concernaient pas le droit sur lequel ils avaient à se prononcer. De toute façon, cette audience n'aura pas été complètement inutile. La secrétaire du président de la République y assistait et avait l'air assez impressionnée. La seule conclusion palpable de ce verdict, c'est qu'ils ont cassé le franc symbolique accordé aux syndicats de la police, ce qui tend à démontrer que la police en a un peu trop fait pour me faire échouer là où je suis (...) Seulement je reste attaché à la terre. » (LÉ)

En ces quelques lignes, Jacques répond aux sceptiques qui mettront sa conversion sur le bon dos du désespoir. Il ne désespère pas, il veut vivre ! Mais il veut vivre dans la beauté de sa foi. L'idée de la mort l'habite, non pas comme une terreur, mais comme une évidence : « Nous sommes nés pour mourir, et si nous ne comprenons pas l'importance de cet acte, notre Père ne l'oublie pas. Et, soucieux du bien de ses enfants, il fait tout pour nous donner les moyens de mourir convenablement. "Est-ce que le but de la vie est de vivre ? s'écrie un personnage de Claudel. Il n'est pas de vivre, mais de mourir et non point de charpenter la croix, mais d'y monter." » (JP p. 124)

Désormais, sa vie est suspendue au fil fragile de la grâce présidentielle. René Coty est président de la République. Brave homme, rondelet, que les Français aiment bien. C'est un bourgeois, peu enclin à affronter les tempêtes et à mécontenter un électorat populiste ; existe-t-il des chances que ce bon catholique s'aliène l'opinion, qu'il ferme ses oreilles aux cris de la foule qui réclame la mort ? Exercera-t-il librement ce droit directement transmis par le monarque de droit divin au président laïque ?

Jacques Fesch est maintenant un condamné à mort, même s'il a présenté un recours ; il porte ce statut lugubre qui lui confère une réelle importance pénitentiaire... Rien de mauvais ne doit lui arriver, il doit mourir en bon état ! Il loge dans la cellule des condamnés à mort, une lampe demeure allumée au-dessus de lui toute la nuit. Il ne se déplace que chaînes aux mains et aux pieds, il fait, en marchant, un vacarme de lépreux qui s'annonce. L'administration l'autorise à demeurer couché tout le temps qu'il veut et à écrire ou recevoir toutes les lettres. Un futur mort, ça a quelques droits ; pas trop, mais juste ce qu'il faut pour éviter qu'il ne se rebelle ! Du reste, et malgré sa résignation, il en faudrait peu pour que Jacques se révolte. Il ressent violemment toute l'injustice de cette condamnation. Aucun juge n'a voulu le comprendre, cette surdité des punisseurs est plus dure que la peine elle-même. Il traverse, d'avril à août, un tunnel de désarroi. Il reproche à son avocat de ne s'être point placé au niveau « théâtral et artificiel » de l'avocat général et de Floriot ; il récrimine à juste titre contre l'allégresse macabre de frère Thomas qui se réjouit de le savoir « bientôt au ciel ». En quelques lignes, au demeurant gentilles, il répond à Thomas, l'enthousiaste de la mort des autres : « Ma volonté est extrêmement faible et je ne participe pas comme il faudrait à cette œuvre de résurrection que veut le Seigneur. C'est l'heure des ténèbres, petit frère. »

Le père Devoyod s'efforce d'entrer dans les souffrances de Jacques. L'aumônier de la prison, d'ordinaire difficile, peu enclin au paternalisme, dur, n'ayant rien du travailleur social, de l'éducateur, se veut pleinement prêtre. C'est parce qu'il incarnera essentiellement sa mission qu'il aidera Jacques. Très tôt, tous les matins, il célèbre une messe dans la cellule de Jacques. Jésus visiteur de prison... La messe dans la cellule des condamnés à mort est un grand moment de foi. Jacques en a besoin et quand le prêtre ne peut venir, il en souffre. « L'ennui, c'est qu'il va partir en vacances pendant quinze jours et que personne ne le remplacera. Je communierai donc en esprit et en union avec le père Thomas qui offre le saint sacrifice tous les matins. » (JP)

Jacques se reprend en main et s'interroge sur ce que Dieu attend de lui. « Je ne sais trop que penser et lorsque j'essaye de deviner quelles peuvent être les intentions du Seigneur, je ne me lasse pas d'aboutir à des conclusions opposées, ce qui m'oblige à revenir à de plus humbles pensées. Je ne pense pas que je sois dans des conditions adéquates pour affronter l'éternité. Je ne me révolte pas, mais n'accepte rien non plus. Je suis surtout fatigué et ai pris un peu le parti de l'indifférence. Je ne suis ni impressionné ni ému, et je crois que la conclusion, quelle qu'elle soit, me trouvera plutôt apathique. Et pourtant, j'ai encore beaucoup de ressort en moi : seulement, je reste attaché à la terre et, ne pouvant rien faire pour changer mon sort, je laisse faire et m'endors en attendant de me réveiller ici-bas ou là-haut ! » (JP p. 125)

Il ne comprend rien à son histoire. Il sait qu'il a été à un moment l'agent réceptif du mal, qu'il a extériorisé ce mal, sans le ressentir, anesthésié par une espèce de nihilisme contemporain toujours à l'œuvre de nos jours. Il va jusqu'à écrire : « J'ai la quasi-certitude que tout était prévu depuis le premier jour, et que je ne suis né que pour ça. Il ne faut pas plus me maudire qu'il faille maudire ceux qui vont me tuer. Nous ne sommes tous que des instruments dans la main de Dieu, et quand Dieu se charge d'intervenir aussi efficacement, c'est toujours pour finir par se donner à nous entièrement. » (JP p. 125)

Les mois passent. L'attente est interminable...

Août est le mois du grand abandon pour les prisonniers. Le mois d'août 1957 est crucial dans l'histoire de Jacques : c'est à cette période qu'il acquiert la certitude qu'il sera exécuté. Il écrit à son avocat de faire ce qu'il peut pour obtenir la grâce présidentielle, mais que ses efforts seront inutiles. Il écrit à frère Thomas qu'il a retrouvé la joie ! Il écrit à sa belle-mère que l'épreuve devient douce, qu'elle se change en joie… Il est transformé ! Le transformateur, une fois de plus, c'est l'Esprit. Il faut se rappeler que, dans la nuit du 28 février au 1er mars 1955, une phrase au sens obscur avait accompagné sa conversion : « Tu reçois les grâces de ta mort. »

On ne sait comment, mais de nouveau, début août, la phrase obscure est revenue frapper à l'âme de Jacques pour lui donner, enfin, son plein sens. Dès lors, les derniers jours du condamné s'inscrivent dans cette révélation : « Comme tous ces signes sont clairs pour moi, et comme je remercie le petit Jésus de me les avoir donnés ! Il y a bien longtemps, une fois déjà, il m'avait montré quel allait être mon destin. Sur le moment, j'ai pensé avoir mal interprété, mais je me rends compte maintenant que ce signe m'était donné dans un but bien précis : me faire savoir qu'il fallait me préparer (...) Deuxième signe et mise en garde : (…) Lorsqu'on est venu m'annoncer que j'avais failli être exécuté vers le 30 juillet (après le rejet du pourvoi en cassation), cette idée m'a fait rechercher Dieu avec plus de zèle, et à peine ai-je frappé à la porte du ciel qu'un torrent de grâces se déversait dans mon âme. » (JP)

Que signifie cette phrase énigmatique ? Jacques comprend que Dieu lui donnera la force de supporter son supplice dans la dignité. Il s'en remet à Lui et, dès lors, il trouve la liberté d'assumer son tragique destin. Il médite la passion du Christ qui récapitule les misères humaines. Il ressent « présence, chaleur, lumière, douceur, gravité ».

« J'ai bien médité la Passion ce matin, écrit-il dans son journal, et en ai retiré beaucoup de force. Il va d'ailleurs falloir que je m'approche un peu plus de Jésus crucifié, puisque moi aussi, bien que tout à fait indigne, je vais avoir la grâce de vivre mon petit Golgotha. Quand je lis qu'ils crachèrent sur le Christ et qu'ils le souffletèrent, je me revois aux mains des agents recevant des coups et des crachats, et je comprends mieux les souffrances de Jésus. La scène du conseil me ramène évidemment au palais de justice, et les effets oratoires, les indignations factices des mercenaires à la solde du diable qui s'appelle argent, publicité et opportunisme, me font penser à Caïphe déchirant sa robe pour laisser éclater son indignation ! Bien entendu, moi je suis coupable et n'entends en rien me mettre en parallèle avec Jésus. Seulement qui comprendra mieux la crucifixion et toutes les douleurs qu'elle entraîne, que le bon larron qui pendait au bois à côté de son Sauveur ? Et pour qui le Christ est-il venu ? (...) Au fond de moi-même, je ressens avec intensité toute l'injustice et la stupidité des jugements humains. J'aimerais bien souvent laisser libre cours à mes rancœurs, démontrer la vanité et la présomption de ceux qui osent juger ; et aussitôt, je vois Jésus, l'amour fait homme, subissant, sans un mot, les pires outrages, les pires injustices, et je ravale ma rage. » (JP p. 185-186)

Il ressent la grâce, cet extraordinaire don. « Et pourtant, dit-il, lorsque cette grâce nous est faite, la simplicité et la logique nous apparaissent bien évidentes ; le royaume de Dieu est réellement en nous, un simple voile nous sépare, mais nous sommes tellement habitués à voir avec nos yeux de chair et à raisonner avec notre intelligence, qu'automatiquement nous utilisons ces moyens pour essayer de comprendre, et le voile ne se soulève pas. Comment le déchirer ? Un seul moyen, l'amour, l'humilité, l'abstraction de soi, la prière et la confiance en Dieu. Ne pas chercher à comprendre quoi que ce soit, mais du fond de son cœur faire jaillir un cri d'amour et d'abandon à la volonté du Seigneur sans y mêler bien sûr un sentiment malsain de curiosité. Et cela est admirable parce que le plus illettré est capable d'accomplir cet effort qui ne dépend en rien de ses facultés intellectuelles. » (JP p. 127)

Jacques à ce moment-là comprend, lui, l'homme dit « du mal », l'assassin, que le seul moyen de lutter contre le mal est de refuser toute complicité, même en esprit, même en colère, même en désespoir de cause ; de refuser d'entrer dans la propagation de la contagion par un fait, un geste, un mot, un état d'esprit ; aucune complicité d'aucune sorte avec le mal. Cette frontière, il sait qu'il ne peut, que nous ne pouvons la dresser sans l'aide de Dieu.

Il reçoit dans les derniers jours de sa vie la force de l'amour qui lui donne les moyens de « mourir convenablement ».

Il ne croit pas à la grâce des hommes, à la grâce d'un homme... Le président de la République, dont la main tremble.

Il sait maintenant qu'il va mourir. René Coty n'aura jamais le courage de braver la foule.

Des milliers de braves gens, une pétition d'universitaires conduite par Armand Jacob supplient Coty d'accorder la grâce. Ils lui écrivent : « Le destin de ce malheureux pouvait devenir celui de tel de nos élèves, la société n'a pas le droit d'être impitoyable envers des actes dont elle est partiellement responsable, car les égarements qui ont conduit Jacques Fesch au meurtre étaient imputables pour unc grande part au spectacle d'une société où le parasitisme paie mieux que le travail. »

Des éducateurs, des savants, des intellectuels demandent la grâce.

Lorsque Paul Baudet est reçu par le bon René Coty, héritier des pouvoirs de Saint Louis, il trouve un gros homme embarrassé, qui voudrait gracier, qui reconnaît que Jacques ne mérite pas la mort, qui demande qu'on lui dise son admiration pour ce qu'il est devenu, mais qui n'ose pas mécontenter la police !

Ainsi ce pieux chrétien s'en lave les mains...

Le 30 septembre, en fin d'après-midi, Paul Baudet, en violation de tous les règlements, annonce à Jacques qu'il n'a plus qu'une nuit à vivre. Jacques, pour ne pas compromettre son avocat, doit garder le silence. Il s'en retourne dans sa cellule, devenue aujourd'hui chambre de transit, afin de se préparer à mourir selon les rites ensanglantés de la décapitation, « cette mascarade sanglante ».

Sois courageux, p'tit frère

Jacques, en cette heure lugubre où la mort luit, tente de rester calme. La vision d'arrachement, de corps coupé, de tête éjectée sous la poussée du sang ne le quitte pas.

Ce face à face avec sa propre mort est tragique. On sait l'horreur de l'homme pour le morcellement du corps. Jacques ne peut s'empêcher d'imaginer : il pense alors à la procession sanglante des décapités de l'Église. Cette lugubre pensée, paradoxalement, lui donne du courage. Il sait qu'il va « être crucifié » (JP p. 158). Il pense à Jésus, l'ami de tous, cloué sur la croix par la lâcheté et la jalousie, il pense à la Vierge : « Quel supplice ! Et que penser des souffrances d'une mère qui contemple tout ça et ne peut rien faire pour soulager son fils ! Pauvre Sainte Vierge, elle devait être bien malheureuse. Je la vois timide et éplorée au pied de la croix, répétant à mi-voix des “non, non...” sans fin, et n'osant pas, humble qu'elle était, crier sa douleur tout haut. Peut-être quand son fils a réclamé à boire a-t-elle jeté autour d'elle des regards traqués et murmuré un “mais il a soif”... » (JP p. 139)

Il se prépare à mourir. Il dit adieu à André, son voisin le plus proche, simplement, d'un mot, sûr de sa discrétion : « C'est pour demain. » André n'oubliera jamais cette nuit terrible. Toute sa vie en sera transformée, bouleversée. Il pleure comme un gosse. Il fait partie de l'équipe des « masques rouges », comme il dit, qui a les larmes aux yeux. Il a envie de crier, mais il doit se taire. Il doit le laisser partir avec courage. Jacques se prépare non à mourir, mais, dans l'immédiat, à s'unir religieusement à Pierrette.

Au presbytère de Saint-Germain-en-Laye, à l'heure convenue, un peu avant l'heure du bourreau, Pierrette, frère Thomas et l'abbé Henry Guffet, unis dans une prière fervente, s'organisent pour un étrange mariage religieux.

C'est le mariage d'une veuve ! Jacques suit dans son missel la messe de mariage. À l'autre bout du fil spirituel, le curé reçoit son consentement. Ainsi et pour le pire, Jacques et Pierrette s'unissent devant Dieu. Folie que ce mariage en noir entre une veuve vivante et un époux perdu ! Mais quelle grandeur en même temps dans ce sacrement, dans cette confiance sacramentelle.

À 17 heures, Pierrette a pris Jacques pour époux et frère Thomas, qui représente l'absent, dit « oui » pour lui. À genoux, à même le sol dur, sous la lumière entêtée de la veilleuse, Jacques prie. Au loin de cette sinistre prison mortelle, dans le presbytère désert de Saint-Germain-en-Laye, ses amis agenouillés tendent leurs mains vers Dieu. Ce malheur les dépasse. Ils savent que l'ami Jacques est entré en agonie. À son journal, seul confident de ses dernières heures terribles, il confie le secret de l'attente de cette mort programmée, ponctuelle. Il n'espère plus qu'en Dieu.

Le soir tombe et il se sent triste, triste. Il ne verra pas grandir Véronique et il craint pour Gérard la méchanceté des hommes.

« La mort approche et ma joie est partie, bien que je n'aie pas peur. Seulement le royaume des cieux s'est reculé et je demeure seul ! Il faut que je prie beaucoup plus, bien que je sache que cet abandon est voulu par Notre Seigneur afin de m'éprouver. Je pense que durant cette nuit d'agonie, je vais passer par différents états et que je vais un peu souffrir (...) J'ai récité mes prières, et je suis inondé de paix et de force ! Dans son amour infini, Jésus a entendu ma prière et m'a exaucé. Jésus je vous aime (...) Quelle paix, quelle extraordinaire lucidité d'esprit ! Je me sens léger, léger et toute crainte est pour le moment écartée. Je ne suis pas seul, mais mon Dieu est avec moi. Plus que cinq heures à vivre. Dans cinq heures je verrai Jésus. Qu'il est bon Notre Seigneur. »

Quelle foi ! Cette certitude donne à Jacques la force de tenir le coup, une force intérieure toute pétrie d'amour. Il est dépositaire d'une puissance d'amour. Il le dit clairement : « J'ai une grande confiance dans cette force intérieure qui est tout amour. »

Il s'écrie alors, et son journal garde la trace brûlante de ce cri : « S'aimer ! » Comment trouve-t-il la force, sinon par l'aide de Dieu, alors qu'il meurt à cause de la haine, de crier son amour ?

Jusqu'au dernier moment il témoigne, c'est un témoin unique, encourageant, il témoigne pour l'autre monde et pour la réalité de Dieu. Son journal, qui aurait dû rester secret, écrit pour ses enfants, Véronique et Gérard, est sublime, inspiré. Au moment de mourir pour les convenances sociales, pour satisfaire le syndicalisme policier, pour faire plaisir au président de la République, Jacques comprend qu'il n'est pire péché que l'acte commis contre l'amour.

Il faut imaginer le condamné à mort, assis à sa table vissée au sol, en train de griffonner sur un cahier d'écolier, tandis que les aides du bourreau dressent l'échafaud. Il est calme, et accepte désormais et en toutes choses la volonté du Seigneur, même si par moments une panique enfièvre son corps.

À travers les hauts vieux murs, la nouvelle s'insinue silencieusement dans la prison : la mort, c'est pour demain... Chuchotée, cette phrase glace les plus endurcis. Chuchotée dans la nuit des prisons, cette phrase ressemble à une psalmodie. Quelques détenus pleurent, et font plus de bruit en se retenant de pleurer qu'en pleurant, ce qui intrigue les gardiens. Tous les prisonniers, même les pires, pensent au supplicié dans une sorte de chaîne d'union, aucun ne dort, pas même le pire...

Dans sa nuit, Jacques retrouve ses amis célestes. L'amie la plus précieuse, après la Sainte Vierge, est « la petite Thérèse ». Il pense beaucoup à elle, cette « jolie petite sainte », si « proche de nous ». Le jour de son exécution, ce sera la fête de la carmélite, morte à l'âge de 24 ans, l'âge de Jacques au moment du crime.

Jacques sait, pour avoir lu la vie de la petite Thérèse, qu'elle avait prié pour un condamné à mort, l'horrible Pranzini, l'assassin de Marseille qui rejetait Dieu et refusait le prêtre. Au dernier moment, comme elle l'avait demandé dans ses supplications, Pranzini s'était repenti. La sainte avait donc tourné ses gentils regards vers l'exclu des exclus, le condamné à mort ! Cette idée réconforte Jacques, il reconnaît là que Dieu exprime son amour par sa servante et signifie que nul n'est mis au ban de son infinie tendresse. Jacques est en communion avec Thérèse, il est entré dans la ronde des saints et des saintes de l'Église, il ressent cette communication mystérieuse de la communion des saints qui relie les vivants et les morts dans un échange spirituel.

Il attend lucidement, librement, l'heure de sa mort, une mort dans quelques minutes... Une mort dont les bruits d'approche le terrifient.

« La paix est partie pour faire place à l'angoisse. C'est abominable ! J'ai le cœur qui saute dans la poitrine. Sainte Vierge, ayez pitié de moi ! [...] Je crois pourtant qu'avec un peu de volonté j'arriverai à surmonter cette angoisse, mais je souffre quand même. »

Ainsi, c'est dans la stridence secrète de cette agonie totalement vécue et offerte que Jacques assume ses derniers instants.

Il entend, soudain, le traînement de pas maladroitement étouffés, des pas de loup. Il interrompt alors l'écriture de son journal : « Je crois que je vais arrêter ce journal là où il est, vu que j'entends des bruits inquiétants. Pourvu que je tienne le coup. Sainte Vierge, à moi ! Adieu à tous et que le Seigneur vous bénisse. »

Après, il y a la page blanche d'un blanc de silence inouï... La fin ou le commencement d'une histoire, de l'histoire...

M. Obrecht

D'un coup la cellule est envahie par tout un monde hétéroclite, uniformes de gardiens, tenues de deuil des officiels, soutane du prêtre, le bon père Devoyod, costumes noirs des bourreaux...

Jacques voit ce rassemblement étroit. Il y a son avocat, Paul Baudet, le juge d'instruction, visage triste, son greffier, des gardiens que Jacques aime bien, le directeur de la prison, M. Mariani, dont c'est le boulot d'être là et qui doit conduire son pensionnaire jusqu'au billot. Il y a aussi Max Fernet, un policier témoin au procès, qui ne devrait pas être là... Il y a d'autres visages — Jacques les regarde une seconde, il n'a pas de ressentiment : c'est le visage satisfait du président Janin, le dîneur, qui bredouille qu'il faut du courage, que le recours en grâce est rejeté... Cette voix, c'est la voix de la cour d'assises, la voix de la mort, une voix médiocre, molle, mièvre. Il y a l'avocat général Suduka, qui vient chercher la tête qu'il a décapitée avec ses pompes funèbres rhétoriques. Il n'y a pas René Floriot, le chasseur n'aura pas le trophée, l'avocat de la partie civile, en effet, n'est pas convié au rendez-vous de chasse du petit matin.

Sans aucune haine, Jacques dévisage ces hommes redevenus ordinaires dans leur costume de ville. Ils ont l'air d'étroits fonctionnaires froids, fuyants. La mort a mobilisé des messagers médiocres. Il y a aussi le Dr Paul, le médecin légiste, qui est là pour constater que la guillotine tue efficacement !

Un silence sacré s'est abattu sur la prison.

Tous les prisonniers savent, guettent. Jacques Fesch a rayonné sur la prison et tous les détenus l'aiment bien. Il a conscience de mourir par le fait d'une injustice, il offre sa mort. Sans aucune résistance, il se livre : « Je suis à votre disposition », dit-il, d'une voix douce. Il refuse l'aide des gardiens, ses amis. Avant de partir pour l'au-delà, il semble dire adieu à sa cellule, sa dernière adresse humaine, d'ici tant de fois il a vu le ciel ! Dans ce sinistre carré devenu cellule de moine, il a récité la prière pour les mourants : « Que Notre Seigneur Jésus-Christ, le fils du Dieu vivant, qui a donné au bienheureux Pierre de lier et de délier, accepte dans sa très douce miséricorde l'aveu de mes fautes, et qu'il me rende la robe blanche que j'ai reçue au baptême... »

Dans ce carré sinistre, enfermé dans l'étouffoir carcéral, il a tenu, comme un navigateur, un journal de bord. Son cahier est là, sur la table usée, tachée d'encre ; il raconte l'histoire d'une âme, il apporte un témoignage exemplaire qui récapitule tous les drames modernes, il donne, enfin, aux paumés des réponses simples parce qu'inspirées, il aide à vivre, à lutter !

Il a maintenant quitté son antre, il n'est plus rien qu'un mort en marche. Paul Baudet lui donne le bras, les gardiens l'encadrent chaleureusement, les magistrats suivent, un peu à l'écart...

Le couloir est long, très long, un tunnel de silence ; on n'entend que la respiration gênée des convoyeurs.

Il faut s'arrêter au greffe de la prison pour y accomplir une formalité bien digne de l'obtuse administration, la levée d'écrou, c'est-à-dire la permission de sortir... Folle formalité ! La mort libère...

Avant de signer sa levée d'écrou, Jacques a demandé à communier. Le père Devoyod lui donne l'absolution et Jacques s'agenouille, Paul Baudet s'incline lui aussi et communie avec son jeune et malheureux client. Jacques refuse la cigarette et le verre de rhum, ustensiles médiocres du secours laïque.

Il signe alors la levée d'écrou, il appartient désormais au bourreau, M. Obrecht : il devient « son colis ». C'est ainsi que le condamné était appelé par les exécuteurs, parce qu'il était ligoté comme un colis, ficelé entièrement et traîné sur place.

Les aides se jettent sur Jacques et le saucissonnent si étroitement qu'aucun geste n'est possible, aucun ! On lui coupe les cheveux, on échancre sa chemise. Jacques réprime un sanglot. Il est, à l'heure du monde terrestre, cinq heures et vingt-sept minutes...

Les aides du bourreau le soulèvent et le traînent comme une limace jusqu'au couperet. Comme il peut, il se penche vers son avocat et lui murmure dans une contorsion quelques mots demeurés secrets. Le ligotage en a fait une sorte de paraplégique. Les aides, sans ménagement, le soutiennent. Il est très pâle, une espèce de voile blanc semble coller à son visage, il vacille. Les hommes, vautours autour de lui, observent, immobiles. Jacques se tourne alors vers l'aumônier et supplie : « Le crucifix, mon père, le crucifix... » Dans un geste absolu, le prêtre tend vers Jacques ce secours. Jacques embrasse longuement le crucifix et reprend courage.

Pendant ce temps, le bourreau est allé vérifier l'état de sa machine, prête à couper, toute droite dans la nuit finissante de ce petit matin. Elle est perpendiculaire à la porte de sortie du greffe, de manière que le condamné ne puisse la voir entièrement. Il ne peut marcher, on le traîne. Les choses vont vite, elles semblent cependant interminables. Jacques est silencieux, pas un mot, pas un cri, pas un geste, il est enfermé dans un linceul léger de prières. Il est jeté sur la bascule, le couperet tombe, la tête est éjectée par la poussée de sang et roule dans le panier, le corps est agité par des soubresauts, justice est faite, Jacques Fesch a été décapité.

Un gardien colle sur le mur de la prison le procès-verbal de l'exécution. La prison affiche son mort du jour, Jacques Fesch !

Les officiels s'en retournent, à petits pas, à leurs occupations, démarche raide et bavardages dignes.

Jacques est mort. Adieu, frère des nuits noires et des jours d'espoir. C'est la fin du jeu prétentieux des hommes ; comment ont-ils ressenti l'exécution d'un jeune homme mort pour l'exemple ? Des magistrats on ne sait rien, ils ont toujours un silencieux sur l'arme. Du directeur de la Santé, on saura qu'il a été impressionné par la sérénité de Jacques dont l'exécution lui est apparue injuste. Du juge Fayon, on sait qu'il ne voulait pas la mort de Jacques et qu'il a été choqué par la brutalité des aides et le refus de l'avocat général d'assister à l'inhumation au cimetière des suppliciés. Tous ont été bouleversés...

Tandis qu'on emporte le corps de Jacques à la chapelle Saint-André-d'Antin, près de la gare Saint-Lazare, dans ce vieux quartier populaire de Paris, des fidèles suivent une messe ordinaire. Le prêtre a été prévenu que l'exécution a eu lieu à l'aube, il informe les fidèles que « cette messe sera dite pour le repos de l'âme du supplicié en action de grâce des merveilles que le Seigneur a accomplies dans son âme ». C'est la première évocation publique de la conversion du condamné. C'est la première fois que, dans la discrétion d'une église obscure, des croyants évoquent l'exemple alors tout à fait inconnu de Jacques.

Le monde a d'autres chats à fouetter, d'autres morts à enterrer, d'autres plaies à panser, d'autres divertissements pour détourner la tête. *Le Figaro* consacre quelques lignes à l'exécution de Jacques Fesch... Un événement sans importance ! La guillotine, il est vrai, n'a pas encore fini de fonctionner. On ne parle plus de l'affaire, justice est faite, le spectacle continue...

Le 12 octobre, la cour d'assises de Paris, présidée par l'infatigable M. Janin, escorté de l'implacable M. Suduka, juge l'assassin d'un agent de police. L'avocat de l'accusé est Me Marsepoil, l'ancien avocat de Criquet. Va-t-il sauver sa tête ? L'assassin, un nommé Brunet, a commis le même crime que Jacques, mais sans avoir ses circonstances atténuantes. Que va faire la justice ? On est à quelques jours de la décapitation de Jacques. Suduka, contre toute attente, contre sa nature mortifère, ne réclame pas la mort ! Évidemment, la cour ne prononce pas un verdict qui n'est pas requis. Ainsi, à quelques jours de distance, pour des faits identiques, un assassin chanceux vit, un meurtrier malheureux meurt... Quelle loterie de tête !

Jacques avait raison de se sentir injustement condamné pour la satisfaction d'une opinion maintenant repue. Sa mort étant injuste, elle aura donc servi à autre chose qu'à la justice. Elle se situe, comme le voulait Jacques, sur un autre plan, forcément divin. Il a offert sa vie.

« Puisse mon sang qui va couler être accepté par Dieu comme un sacrifice entier. Que chaque goutte serve à effacer un péché mortel », écrit-il. Sa mort n'est pas l'équitable expiation de son crime. Il savait qu'il était coupable, mais il savait aussi qu'il n'était pas le coupable que la justice voulait voir en lui.

À quoi bon cette mort ? Où est sa victoire ?

Rendez le corps

Jacques est mort, coupé en deux, et sa dépouille est immédiatement inhumée dans le carré des condamnés du cimetière d'Ivry-sur-Seine ; aucune cérémonie n'accompagne ce rejet en terre. Depuis sa mort, une force porte ses amis, les pousse à agir, à récupérer ce corps honteusement enterré afin de lui donner des obsèques honorables, chrétiennes. Finalement, le garde des Sceaux d'alors accepte que le corps du supplicié soit rendu à sa famille, afin qu'elle puisse l'ensevelir dans le vieux cimetière de Saint-Germain-en-Laye.

Le 11 avril 1958, un vendredi, le vendredi après Pâques, le transfert eut lieu. Étonnamment, il y avait beaucoup de monde pour accueillir Jacques, des amis, des curieux, des passants, des journalistes, beaucoup de monde pour un banni de la terre.

Une atmosphère de foi régnait sur l'assemblée émue et attentive à quelque chose... Un soleil fragile couvrait le cimetière, les gens demeuraient immobiles, confiants.

Un document établi par Paul Baudet racontait l'itinéraire spirituel de Jacques et suggérait qu'il avait fait l'offrande de sa vie. Un passage du texte soulignait que Jacques avait été exécuté le soixantième anniversaire de la mort de sainte Thérèse de Lisieux, auprès de laquelle il avait trouvé tant de réconfort, d'amitié spirituelle et de complicité. Elle s'était déjà intéressée à un condamné à mort, Pranzini... On s'en souvient...

Le père Thomas célébra la messe, prononça l'absoute, et l'inhumation eut lieu.

Un vieil homme, tassé sous son chagrin, se sentait un peu perdu dans cette église, mais il était là, fidèle à l'amitié ; ce n'était pas son église, pas son Dieu, mais qu'importe, c'était Jacques. Armand Jacob qui ne croyait pas en Jésus, mais qui à travers Jacques l'aimait bien, se recueillait dans le mystère. Il avait tout tenté pour sauver Jacques, vainement bien sûr. Il ne regrettait pas un mot de la lettre qu'il avait expédiée comme une gifle au président René Coty :

« Vous êtes chrétien, monsieur le président, en ce sens que vous allez à la messe le dimanche et faites maigre le vendredi : savez-vous qu'il existe déjà, dans les prisons et ailleurs, des chrétiens qui adressent leur prière à quelqu'un dont vous avez jeté la tête à la flicaille ? Un criminel, mais bien moins que d'autres dont vous aviez eu pitié, et qui était devenu ce que votre religion appelle un saint. Vous qui possédiez tous les moyens de savoir, et tout pouvoir pour décider, vous avez tué un saint. Et vous m'avez tué un ami. (...) Jacques vous avait fait dire qu'il vous abandonnait sa vie si vous en aviez besoin "administrativement" : il est de ces tentations auxquelles on ne peut exposer sans danger que les natures nobles. »

Un peu de terre sur un cercueil n'empêcha pas le mort de parler.

Début 1971, Jacques parla à l'oreille sensible de Julien Green.

L'écrivain tint entre ses mains un livre inouï, sublime, *Lumière sur l'échafaud*, recueil de la correspondance de Jacques. Il fut fasciné par le « changement extraordinaire qui a fait de ce jeune assassin quelqu'un dont on n'hésite pas à dire que c'était un mystique ».

Sans le travail opiniâtre d'une carmélite — comme Thérèse —, sœur Véronique, ce livre n'aurait jamais vu le jour. Elle se passionna pour l'œuvre spirituelle de Jacques et comprit la portée du message. La préface du père Michel Quoist exprima ce que l'on ressent à lire ce journal d'un taulard :

« Il a été donné à Jacques de dire souvent en quelques mots, en quelques phrases très denses, le fruit d'un cheminement intérieur, d'une expérience spirituelle exceptionnelle. Si vous savez vous arrêter, méditer, prier, vous apprendrez mieux que par de savants raisonnements que Jésus-Christ est *présent* au cœur de ceux qui souffrent et que, quelles que soient nos fautes, il est prêt à nous envahir en nous livrant à la *joie* qui ne finit pas. Vous apprendrez que toute vie est respectable et que, quel que soit son visage devant les hommes, ouverte à l'amour, elle ne peut que devenir force de rédemption pour l'humanité. »

Voilà, la bouteille du naufragé flotte avec son message discret, humble. Elle va atteindre, poussée par je ne sais trop quel souffle, des désenchantés, des désabusés, des humiliés ; elle arrive entre leurs mains pendant le sale quart d'heure de toute vie, et elle livre ce message simple qui libère, qui réconforte, qui a l'odeur de Dieu. Dans les monastères, dans les lieux de prières, dans les prisons, la popularité de Jacques s'étend. On le donne en exemple... en exemple, lui ! On le prie d'intervenir, d'intercéder. Il fait des conversions. Un jeune chef d'entreprise m'a confié être devenu prêtre après la lecture de ses écrits.

On se souvient alors de la prémonition de Frédéric Pottecher, le chroniqueur au grand cœur : « Il y a beaucoup de gens, laïcs comme moi, qui ont tout de suite senti que Fesch était un garçon à part (...), qui ne cachait rien... C'est très rare, on s'est demandé ce qu'il y avait en lui... Moi, je vais vous le dire : c'est... une certaine sainteté. »

Cette « certaine sainteté » rappelle trop le bon larron, le voisin d'opprobre et de châtiment de Jésus. L'Église conformiste oublie facilement ce voisinage dérangeant au plan des convenances, des bonnes manières théologiques. Un repris de justice au flanc du Fils de l'homme, ce n'est acceptable que de loin, dans les siècles des siècles de l'histoire, tamisée par le lointain. Un réprouvé actuel, moderne, qui monte sur l'échafaud comme sur la croix au côté de Jésus, c'est une leçon provocante. En même temps, c'est un rappel du message d'amour, d'accueil, de pardon ; un rappel qu'un chrétien n'exclut jamais sans exclure son Dieu !

Jacques attire les croyants et les incroyants, en raison même de sa marginalité terrestre, de ses contradictions, de sa folle espérance ; aussi par son assiduité à respecter la règle religieuse tout en baignant dans une indéfinissable anarchie. Il transcende, et pour cause, toutes les connivences avec cet ordre moral bourgeois et mesquin auquel trop souvent l'Église se rallie (et elle n'est pas la seule). Ainsi ceux qui n'arrivent pas à reconnaître le Christ dans ce fatras d'interdits, de sommations, de punitions, d'exclusions, se rapprochent de lui grâce à ce jeune réprouvé guillotiné plein d'amour et foncièrement fidèle à son Église. Les jeunes aiment Jacques, il a tellement déconné, perdu de temps, rêvé, fumé, construit de chimères... Il a tellement souffert, pleuré, aimé...

Il a fait tellement de mal... Et puis, de la nuit il est passé à la lumière, parce qu'il a trouvé dans la main du Christ une inépuisable miséricorde, il a été aimé, enfin aimé d'un amour qui ne juge pas, ne condamne pas, mais répare.

Ce mouvement anonyme vers Jacques Fesch provoque la publication, sous le titre *Cellule 18* (numéro de la cellule où était enfermé Jacques dans le quartier des condamnés à mort), des lettres qu'il écrivit à sa belle-mère, Marinette Polack.

Chaque fois c'est la même chose, cette lecture fait l'effet d'une poésie écrite en enfer par un ange, l'effet d'une autre voix dans la voix qu'on entend. Étrange impression sonore que cette parole dans la parole !

Enfin, en 1989, paraît, sous le titre *Dans cinq heures je verrai Jésus*, le journal de Jacques ; car, comme un marin qu'il ne fut jamais, Jacques réussit à tenir, tout au long de sa traversée carcérale, un journal de bord. Ce journal a été rédigé pour Pierrette, pour Véronique et pour son fils alors inconnu, Gérard.

Il n'aurait pas dû être publié, il l'a été, tant mieux !

Sa lecture réconforte les malheureux. Des éloignés de Dieu et qui cependant cherchent un sens à leur vie trouvent dans ces pages un chemin. D'autres se convertissent, quel message ! Quelle folie !

C'est l'histoire d'un changement radical par le don de Dieu, plus simplement par l'acceptation de l'amour absolu. Jacques Fesch offre par sa faiblesse, sa délinquance, toutes deux enfin surmontées, l'image d'un paumé parmi les paumés. Il ne trône que sur les débris de sa vie cassée. Aussi est-il plus facile de parler de lui à des égarés, que d'évoquer saint Jean de la Croix, sainte Thérèse d'Ávila ou je ne sais quel mortifère monacal. En ce sens de sa présence, il est un modèle moderne, un exemple encourageant à la portée de nos faiblesses. Ce sentiment d'une « certaine sainteté » vient du petit peuple des croyants qui lu, lit et lira les écrits de prison par lesquels Jacques jette un pont durable entre sa mort et les vivants qu'il aime, par lequel il crie sa foi et dit son fait à la société, aux juges de toujours et aux gens de petit pouvoir.

Faut-il pour autant en faire un saint ? L'idée est venue au cardinal Lustiger, archevêque de Paris et ancien passager du bateau qui, deux ans après l'incarcération de Jacques, portait Paul Baudet vers la Terre sainte. Monseigneur Lustiger n'était alors qu'un jeune prêtre qui accompagnait des jeunes en pèlerinage. L'avocat et le curé ne se rencontrèrent pas. Chacun voyageait à sa place (*cf.* p. 102).

Des années plus tard, en 1986, à la veille de Noël, à la maison d'arrêt de la Santé, le curé pérégrin devenu cardinal évoqua devant des détenus Jacques Fesch, peut-être un saint…

En 1987, le cardinal signa une demande d'enquête en vue d'une éventuelle béatification de Jacques Fesch, condamné à mort et guillotiné en 1957.

Sacré Jacques, il va d'une enquête à l'autre. On a d'abord enquêté sur lui pour le déclarer criminel, puis on enquête maintenant sur lui pour le déclarer saint.

En quête…

Un saint sans tête

Quelle drôle d'idée ! Jacques Fesch, l'assassin, l'homme sans tête, pourrait-il devenir un saint selon les sévères critères de l'Église catholique ? Un saint ignoble, enfin ! Un saint indigne, mais si digne de nous, les pécheurs, les proscrits, les divorcés, les prostituées, les alcoolos, les homos, les exclus ! Un saint qui a incarné les contradictions douloureuses de notre époque : l'antisémitisme de sa famille, l'homosexualité de son avocat, le goût de l'argent facile, des rêves impossibles, son irresponsabilité et sa violence jusqu'au crime, l'absence de ses parents, son mépris pour les femmes, le lynchage médiatique et la peine de mort. Un tueur de flic qui s'est « hissé aux confins de l'absolu[1] ».

Un saint, pour quoi dire ? L'essentiel se trouve dans ses écrits de prison : Jacques Fesch chrétien, catho, pratiquant jusqu'à prier à genoux dans sa cellule, assidu à la messe, à la prière, à la communion, à

1. La formule est de Jean-Marc Théolleyre, journaliste au *Monde* à l'époque du procès Fesch.

la récitation du chapelet, mais rebelle, révolté, assassin, exclu jusqu'au cimetière, un mourant bien rêvant, qui aime Marie et se console en Jésus.

Jacques est un révélateur du désespoir moderne et de l'espoir inouï qu'offre Jésus. Jacques dit au monde ce qu'il découvre avant de mourir guillotiné : Jésus nous aime, ayons le courage d'accepter son amour et les choses changeront, nul n'est pour lui un réprouvé, nul n'est pour lui un maudit.

Ce siècle a besoin d'un saint de « proximité » qui réconcilie les réprouvés et les désordonnés du monde avec l'Église, qui ignore la diplomatie des antichambres romaines et les mondanités paroissiales, qui chasse les marchands du temple de la bonne conscience.

Les hommes et les femmes de ce XXIe siècle sont déshumanisés. Un matérialisme humanitaire qui fait le contraire de ce qu'il prône, qui est généreux par procuration et subvention et qui se vend sur tous les tréteaux et trottoirs médiatiques leur sert de religion à sens unique. Toute une génération est en quête de sens ; comment celui qui trouve enfin du sens à sa vie en la perdant ne l'intéresserait-il pas ?

On l'a dit et répété — banalité inéluctable, aspect cyclique des références —, on pense au bon larron. Comment ne pas y penser ?

C'est un brigand des grands chemins, un criminel :

« L'un des malfaiteurs suspendus à la croix l'injuriait : "N'es-tu pas le Messie ? Sauve-toi toi-même, et nous avec !" Mais l'autre lui fit de vifs reproches : "Tu n'as donc aucune crainte de Dieu ! Tu es pourtant un condamné, toi aussi ! Et puis, pour nous, c'est juste : après ce que nous avons fait, nous avons ce que nous méritons. Mais lui, il n'a rien fait de mal." Et il disait : "Jésus, souviens-toi de moi quand tu viendras inaugurer ton règne." Jésus lui répondit : "Amen, je te le déclare : aujourd'hui, avec moi, tu seras dans le paradis." » (Lc 23, 40-43)

Sainte Thérèse de Tahiti

Jacques avait quatre dévotions : Jésus, la Vierge Marie, le curé d'Ars et la petite Normande, à qui il parlait tous les soirs, sainte Thérèse de l'Enfant-Jésus. Il avait lu ses carnets et trouvé en elle « une sœur, une amie ». Il était sûr qu'elle le protégeait. Il avait écrit : « Elle a sauvé l'âme d'un condamné à mort par ses prières et en était tout heureuse. Mon cas est trop similaire pour qu'elle ne s'en occupe pas. Moi aussi, je suis un tout petit et j'ai besoin de la pluie de roses qu'elle a promise à ceux qui l'invoqueraient. J'ai glissé ma main droite dans la main de Marie et la gauche dans celle de la petite sainte Thérèse. Avec elles deux, je ne risque rien. »

Il s'écriait aussi : « Quelle jolie petite sainte, comme elle est proche de nous ! Par la petite voie, il faut que j'arrive à m'élever. Donner de toutes petites choses qui ne sont pas trop dures. Ainsi, mon tabac. »

Depuis que je m'intéresse à mon ami Jacques, le chemin qui me conduit à lui est parsemé de hasards magnifiques.

Le hasard... Il y a tellement de hasards intelligents dans la vie de ceux qui s'intéressent à la vie de Jacques... Le hasard, donc, m'a conduit à Tahiti dans le mois de juillet 2002. Je ne pouvais que penser à Jacques qui avait rêvé d'accomplir ce voyage au bout du monde dans le grand jardin océanique ; qui avait rêvé de rencontrer dans les eaux transparentes le marara, la raie manta, le petit dauphin à long bec et l'a'ahi...

Le fait d'arriver à Tahiti est magique, on tourne une page, on change le monde. La beauté éclate en fragments lumineux entre ciel et mer. On touche une réalité qui justifie les rêves des plus fous. Cette traversée, Jacques n'avait pu l'accomplir. S'il avait mis un pied sur l'île baptisée par Bougainville « la Nouvelle Cythère », son histoire aurait-elle été la même ?

J'étais à Moorea, distante de Tahiti d'à peine 20 kilomètres, île d'une beauté soudaine, avec son lagon turquoise, ses montagnes et ses pics volcaniques se côtoyant en parfaite harmonie, ses cocotiers comme des feux d'artifice en plein jour.

Allez savoir pourquoi, alors que je me rendais chez un ami, Olivier Briac, surnommé le sauvage blanc, propriétaire du Tiki Théâtre, je m'arrêtai sur le bord de la route entre chiens et poules à hauteur d'une église dans la verdure. Une petite église tropicale, toute blanche, saluée par des palmiers. Une photographie en noir et blanc, collée sur la porte de l'église, m'intrigua. Je m'approchai... C'était la photo de sainte Thérèse de Lisieux, Nom de Dieu, incroyable ! On aurait dit un avis de recherche placardé là par un shérif tahitien.

Je me dis, comme si elle avait été encore vivante : « Que fait-elle ici ? » J'appris bientôt qu'elle était en terre polynésienne depuis le 19 mai pour un périple de 7 500 kilomètres. Son reliquaire était exposé à l'adoration des fidèles.

Ainsi, elle avait accompli l'impossible voyage, « le voyage impossible » de Jacques.

Il était mort un 1er octobre. L'Église, depuis le deuxième concile du Vatican, fête Thérèse de l'Enfant-Jésus à cette date.

Il paraît que tout est signe. Celui-là, le voyage mystique, était de taille invisible.

Table

Impression réalisée sur CAMERON par

BUSSIÈRE CAMEDAN IMPRIMERIES

GROUPE CPI

à Saint-Amand-Montrond (Cher)
en décembre 2002

N° d'impression : 025590.
Dépôt légal : décembre 2002.

Imprimé en France